Couverture: Dessin de Babbo Oussoumanou,
École de Pitoa, Cameroun
(Afrique-Photo, cliché Naud).

LES
NOUVEAUX CONTES
D'AMADOU KOUMBA

BIRAGO DIOP

LES
NOUVEAUX CONTES
D'AMADOU KOUMBA

Préface de Léopold Sédar Senghor

PRÉSENCE AFRICAINE
25 bis, rue des Écoles — 75005 PARIS

ISBN 2-7087-0053-7

PRÉFACE

Voilà quelque cent cinquante ans que les Blancs
s'intéressent à la littérature des nègres d'Afrique,
qu'ils dissertent sur elle, comme l'abbé Grégoire [1],
ou qu'ils en donnent des traductions, comme
Blaise Cendrars [2]. Mais voilà que les Négro-africains de langue française veulent eux-mêmes ma-
nifester cette littérature, et ils se présentent en
traducteurs le plus souvent. C'est le cas de
l'Eburnéen Bernard Dadié [3]; c'est le cas du Séné-
galais Birago Diop, dont l'œuvre est mon propos.

Or, donc, Birago Diop ne prétend pas faire œuvre originale; il se veut disciple du griot Amadou, fils de Koumba, dont il se contenterait de
traduire les dits. Mais, on le devine, c'est par
modestie. Car Birago Diop ne se contente pas du
mot à mot. Il a vécu, comme seuls savent le faire
les auditeurs négro-africains, les récits du griot,
il les a repensés et écrits en artiste nègre et français en même temps, se souvenant que « tradut-
tore traditore ». C'est la substance et la sève mê-

1. Cf. De la littérature des Nègres, Paris, 1808.
2. Anthologie nègre, Paris, 1921.
3. Cf. Légendes africaines (Seghers) et le Pagne noir (Présence
Africaine, 1955).

mes du récit négro-africain qu'il nous livre dans
les Contes et Les Nouveaux Contes d'Amadou
Koumba : leur vision en profondeur du monde et
leur art.

-:-

Il faut commencer par le dire, les contes que
voici comprennent, en réalité, deux genres, le
conte proprement dit et la fable. Le conte est un
récit dont les héros sont des génies et des hom-
mes, et qui est sans portée morale. Il nous intro-
duit dans le monde surréel du merveilleux, où
l'âme vit d'émotions essentielles; il participe du
mythe. La fable, elle, nous promène dans le monde
réel des faits. L'homme social n'y est occupé que
de lui-même et des autres hommes, ses sembla-
bles; parce que pleinement homme, il ne s'y oc-
cupe pas uniquement de la satisfaction des besoins
du corps — manger, se vêtir, survivre —, mais
aussi de ceux de l'âme, pas seulement de sa per-
sonne, mais encore de la cité. L'homme social tra-
duit donc son monde rationnel en habillant les
hommes du vêtement transparent des animaux. Il
peut ainsi instruire — les fables s'adressent aux
enfants et aux femmes —, former à la vie de so-
ciété par la peinture satirique des hommes réels.

Mais ce n'est là que simplification grossière. Il
n'y a, en Afrique Noire, ni douaniers ni poteaux
indicateurs aux frontières. Du mythe au pro-
verbe, en passant par la légende, le conte, la fable,
il n'y a pas de frontière. Nombreux sont les
contes où comme dans Un Jugement ⁴, ou comme

---

4. *Les Contes d'Amadou Koumba.*

dans Les Deux Gendres [5], *les hommes tiennent un rôle non négligeable. L'on peut se demander, sans trouver de réponse satisfaisante, si ces récits sont contes ou fables. Il y a plus, dans* Fari l'Anesse [6], *une ânesse se métamorphose en femme et, ailleurs* [7], *nous voyons Gayndé-le-Lion et Bouki-l'Hyène, épouser les deux filles de la vieille Khoudia. Ici non plus, il n'y a nulle frontière. Tout vit, tout possède une âme : l'astre, l'animal, la plante, le caillou. C'est l'animisme négro-africain. Chaque être doué de caractères sensibles se fait homme, un homme qui participe de Dieu, qui a gardé une partie de sa merveilleuse puissance.*

A l'intérieur même des genres, les murs des classifications se révèlent poreux. Il n'est que de lire Les Nouveaux Contes *et de relire* Les Contes d'Amadou Koumba [8]. *Si Samba-de-la-Nuit, Dof-Diop* [9] *et Petit-Mari* [10] *ne comportent pas de conclusion morale — encore n'en suis-je pas sûr —, il en est autrement des autres contes. Parmi ceux-ci, les uns, comme les légendes, donnent une explication surnaturelle d'une coutume ou d'un fait naturel, les autres illustrent un proverbe, un principe de morale pratique* [11]. *Encore une fois, la fable et même le conte sont des genres* gnomiques : *ils visent à l'éducation. C'est ce que signifie la formule qui termine la fable wolof :*

5. Les Nouveaux Contes d'Amadou Koumba.
6. Les Contes d'Amadou Koumba.
7. Les Deux Gendres.
8. Les Mamelles (Contes), Khari Gaye, Djabou N'Daw et Le Boli (Nouveaux Contes).
9. Les Nouveaux Contes d'Amadou Koumba.
10. Les Contes d'Amadou Koumba.
11. L'Os, Liguidi-Malgam et le Prétexte (Les Nouveaux Contes).

« C'est de là que partit la fable pour se jeter dans
la mer. Le premier qui en respirera le parfum ira
au Paradis. » Mais pour éduquer, conte et fable
doivent charmer, par-delà les oreilles, le cœur et
l'esprit. Cette double exigence est un caractère
permanent de l'art négro-africain [12].

-:-

Le Négro-africain répugne à la « tranche de
vie », qui n'est qu'anecdote. Même lorsque le
conteur nous promène à travers le monde factuel
des besoins animaux, les héros du récit se haus-
sent aux archétypes, les faits les plus singuliers
s'élargissent à la dimension du général : ils sont
images, partant symboles, et Birago Diop leur
confère une majuscule. C'est ce que souligne la
formule par quoi débute le récit. Birago Diop sup-
prime les formules initiale et finale parce que
contraires, sans doute, au goût français, et c'est
dommage : « C'était une fable — Une fafable —
Il était une fois — Comme de coutume. » Et
puis le récit continue au présent et à l'aoriste,
comme un film qui se déroule sous nos yeux, avec
tous les protagonistes de la Comédie humaine.
    Car ils sont humains, nos héros, essentiellement
humains! Non seulement les forces cosmiques,
dont le Soleil et surtout la Lune, « la vieille curieuse », mais les filles-génies, Kouss-le-Lutin,
Safara - le - Feu, Nène - l'Œuf, Fètt - la - Flèche,
Khâla-l'Arc, Dodje-le-Caillou. Et, naturellement,
les hommes et les animaux.

    12. Cf. L. S. Senghor, *L'Esthétique négro-africaine* (*Diogène*,
octobre 1956).

Voyons d'abord les hommes. Les voici sous leur nom générique et leurs traits typiques : Bour-le-Roi, fantasque et autoritaire; Narr-le-Maure, courtisan indiscret; Teug-le-Forgeron, ouvrier et devin; Poulo-le-Berger, maigre et secret. Types, certes, que les héros du conte et de la fable, mais rien de moins stéréotypé, rien de moins mécanique. Nous n'avons pas affaire, ici, avec des marionnettes, mais avec des personnages vivants, nuancés. Bour-le-Roi n'est pas toujours le tyran fantasque. Le Griot, c'est Mbagnick, le Griot-du-Roi, soumis et dévoué; c'est aussi Guéwel Mbaye, l'impertinent griot de Mar Ndiaye, le traitant. Si Serigne-le-Marabout passe, pieux et sans relief, dans l'Os [13], le voici Madiakaté-Kala, le sage et fervent marabout du Jugement [14], Mor-Coki Diop, le sage et savant marabout de Dof-Diop [15] : mais le voici aussi, dans Le Prétexte [16], glouton, hypocrite, plein de vie, sous le nom de Serigne Fall.

Cependant, les hommes — jeunes et vieux — qui vivent sous nos yeux sont généralement des hommes de condition modeste, des hommes ordinaires, que nous rencontrons, tous les jours, dans les villages de brousse et qui portent les noms les plus communs. Ils nous apparaissent semblables et divers en même temps, comme les personnages plus importants que nous venons de voir.

Ce sont le plus souvent de solides paysans, honnêtes, laborieux, paisibles, qui n'aiment pas « les histoires ». C'est Demba, c'est Momar, c'est

13. *Les Nouveaux Contes d'Amadou Koumba.*
14. *Les Contes d'Amadou Koumbo.*
15. *Les Nouveaux Contes d'Amadou Koumba.*
16 *Ibid.*

Ngor, c'est Birame. C'est aussi Samba-le-Chasseur. A côté d'eux, nés de la vie moderne, de la vie « coloniale », c'est Aloys-le-Chauffeur, Bamoye-l'Infirmier, c'est Birago Diop lui-même, le Docteur-vétérinaire. Les paysans nous offrent généralement des caractères sans arête et comme indifférenciés. C'est qu'ils vivent de la vie monotone, soumise aux réalités quotidiennes, aux nécessités de la terre et des saisons.

Les femmes sont tout autres. Plus sensibles, plus nerveuses, elles ont aussi plus de relief. On l'oublie trop souvent, dans la société négro-africaine, la femme, gardienne du foyer et du sang — on est de la race de sa mère — joue un rôle prépondérant. « C'est la femme qui fait sa demeure », dit le dicton. Les voici donc dans leur diversité : la douce Koumba, l' « acariâtre et méchante » Khary-Khougué, Penda-la-Marâtre, Noaga-la-vieille, Dabo-la-vieille-Peuhle, et bien d'autres. Jusqu'aux jeunes filles qui sont autrement vives que les jeunes hommes. C'est Ndéné, c'est Penda, c'est Anta, la fille-du-Roi, c'est Khary-la-Sage et Khary-la-Taquine.

Cependant, les animaux nous apparaissent encore plus vivants que les hommes. La critique des mœurs qu'est le conte peut, ici, donner libre cours à sa verve satirique. Les masques animaux dont il affuble les hommes, singulièrement les grands, la mettent à l'abri des poursuites, tout en lui permettant de grossir le trait caricatural. Ils ont d'ailleurs leur vie propre, et leur caractère, ces animaux, qui est aussi peu stéréotypé que celui des hommes et qui n'est pas leur décalque.

Gayndé-le-Lion est bien le « Seigneur de la

Brousse ». *Mais il n'est pas l'image exacte de Bour-le-Roi. Il est plus courageux, plus loyal, plus juste. J'ajoute que, d'une fable à l'autre, un même caractère s'assouplit, s'enrichit, se modifie — comme la vie. Kakatar-le-Caméléon est d'ordinaire sage et circonspect, mais sa solitude lui fait parfois commettre des imprudences.*

De la riche galerie des animaux, nous ne retiendrons que les figures les plus hautes en couleur : Bouki-l'Hyène, fourbe, lâche et cupide, à qui s'oppose le principal héros de la fable, Leuk-le-Lièvre, malin et même malicieux, redresseur de torts à l'occasion; Yeuk-le-Taureau, innocent et bête; Diassigue-le-Caïman, stupide et glouton; Nièye-l'Eléphant, le prince débonnaire; Sègue-la-Panthère, « l'agile et sournoise à la peau sale et trouble comme son cœur »; Mbile-la-Biche, l'intelligente qui sait tout, mais dont le savoir est de trop fraîche date; Khatje-le-Chien, l'indiscret qui a beaucoup appris mais « qui ne rapporte que ce qui lui plaît ». Et les autres, dont l'énumération ne finirait pas. Qu'il nous suffise de citer encore : Ganar-la-Poule, Sékheu-le-Coq, Thile-le-Chacal, Kantioli-le-Rat, Makhe-le-Termite, Mbott-le-Crapaud, Yamba-l'Abeille, Fass-le-Cheval, Mbam-Hal-le-Phacochère.

Chacun est dessiné de quelques traits vifs et pénétrants, qui révèlent l'âme par-delà l'aspect sensible — silhouette, geste et paroles. Car les animaux vivent, sentent, pensent, parlent comme les hommes, tout en gardant leur nature générique d'animal. Encore une fois, il n'y a pas de frontières dans ce monde merveilleux. Voici Bouki-l'Hyène, « poltronne, dont le derrière semble tou-

jours fléchi sous une volée de gourdins »[17];
Tioye-le-Perroquet, « *dont la langue ronde heurte
sans arrêt le bec qui est un hameçon accrochant
tous les potins et racontars qui volent aux quatre
vents* »[18]; *voilà Koupou-Kala-le-Crabe* « *aux
longs yeux qui se balancent à droite et à gauche* »[19]; *voilà N'Djougoupe-la-Chauve-Souris* « *à
la gueule de chien, aux ailes en peau* »[20].
*Voilà tous les autres... Il n'est que de feuilleter
les contes* — *ou d'écouter Amadou Koumba. C'est
grouillant de vie, bariolé, haut en couleur, plein
d'odeurs, de cris, de rires, de larmes, comme
l'Afrique prodigieuse, plein de sucs et de sens.*
    Et l'art n'en est pas absent.

-:-

Le premier mérite du conteur négro-africain,
comme de tout artiste véritable, est de coller au
réel, de rendre la vie. Nous avons vu que Birago
Diop, sur le modèle d'Amadou Koumba, peint les
hommes et les animaux d'Afrique tels que nous les
percevons. Non seulement les hommes et les animaux, mais encore la « brousse » avec ses maigres
villages et ses immenses étendues sablonneuses.
C'est par là que Birago Diop, homme du Nord,
s'oppose à Bernard Dadié, homme du Sud, comme
le cycle folklorique de la plaine « soudanaise » à
celui de la forêt « guinéenne », et le Lièvre à
l'Araignée. Mais, par-delà la silhouette des vivants, le conteur nous révèle leur être, ces réalités

17. *Maman Caïman* (*Les Contes d'Amadou Koumba*).
18. *Ibid.*
19. *Les Mauvaises Compagnies*, II (*Les Contes d'Amadou Koumba*).
20. *Ibid.*

*intérieures que sont leurs misères et leurs rêves,
leurs travaux et leurs soucis, leurs passions. De la
place qu'occupe la nourriture dans ces villages que
menacent périodiquement la sécheresse et la fa-
mine.*

*Parce que rien de ce qui est ne lui est étranger,
le conteur négro-africain intègre, aux réalités tra-
ditionnelles, les réalités d'aujourd'hui, singulièrement celles de la vie « coloniale » : le Commandant de Cercle, l'Ecole, l'Infirmerie, la Machine,
le Marabout et le Missionnaire, la Traite et l'argent, le Libano-syrien et l'usure.*

*Mais encore une fois, il n'y a pas de frontière en
Afrique Noire, pas même entre la vie et la mort.
Le réel n'acquiert son épaisseur, ne devient vérité
qu'en brisant les cadres rigides de la raison logi-
cienne, qu'en s'élargissant aux dimensions exten-
sibles du surréel. On se moque, en passant, de la
logique à courte vue de Bouki-l'Hyène et de son
« expérience » factuelle* [21]. *Que Sègue-la-Panthère se dépouille de sa peau* [22], *que Vérité et
Mensonge mangent comme quatre* [23], *que l'ombre
du Boli, une vieille statuette d'ancêtre, se trans-
forme en jeune homme, que ce jeune homme tire,
des os calcinés de la vieille Débo, une belle jeune
fille peulhe* [24] *l'auditeur négro-africain ne s'étonne
de rien. Il attendait, naturellement, une solution
surnaturelle.*

C'est dire que le surréalisme *négro-africain*
est un naturalisme cosmologique, un surnatura-
lisme. *Pour le négro-africain, les vivants, les*

---

21. *Les Calebasses de Kouss* (Les Contes d'Amadou Koumba).
22. *Tours de Lièvre, ibid.*
23. *Vérité et Mensonges, ibid.*
24. *Le Boli* (Les Nouveaux Contes d'Amadou Koumba.

existants *sont au centre du monde — d'où la place singulière qu'occupe la* personne *humaine — ils ne sont pas les seuls* êtres. *Tout l'univers visible et invisible — depuis Dieu jusqu'au grain de sable, en passant par les génies, les ancêtres, les animaux, les plantes, les minéraux — est composé de « vases communicants », de forces vitales solidaires, qui émanent toutes de Dieu. L'homme vivant, parce que force douée de* liberté, *est capable de* ren-forcer *sa force vitale ou, par négligence, de la « dé-forcer », mais il ne le peut qu'en faisant agir les autres forces ou en se laissant agir par elles.*

Donc, si le conte et surtout la fable nous apparaissent fondés sur un réalisme existentiel, *tissés de faits quotidiens et vécus, ce n'est là qu'une première vue du problème et superficielle, un angle étroit de notre saisie du réel. La raison discursive ne s'arrête qu'à la surface des faits, elle n'en pénètre pas les ressorts cachés, qui échappent à la conscience claire. Seule la raison intuitive est capable, au-delà des apparences, de* comprendre *la totalité du réel.*

Nous voyons, ici, comment le conteur négro-africain résout la contradiction qui gît au cœur du surréalisme européen, constamment tiraillé entre deux conceptions opposées de l'image, *comme le montre si bien M. Ferdinand Alquié* [25]. *Car, pour les surréalistes, l'image est, tantôt, « la nature faisant irruption dans notre pensée », tantôt, « le produit de quelque inconsciente raison ». En d'autres termes, l'image est douée, tantôt d'une force propre de* réalisation *et tantôt*

25. Cf. *Philosophie du Surréalisme*, pp. 176 à 182.

d'un pouvoir de signification. *Les surréalistes os-
cillent entre le panthéisme et le psychologisme,
le mysticisme et l'existentialisme, le surnaturisme et l'humanisme. Si les forces cosmiques
traversent le négro-africain en images qui s'imposent à son émotion, sa raison intuitive ne manque pas de leur donner un sens. Ces images, encore que douées d'une vie singulière, sont, pour
lui, symboles. Son surnaturisme est, en même
temps, humanisme, un « humanisme intégral »,
pour reprendre l'expression de Jacques Mari-
tain :* un animisme.

En Afrique Noire, toute fable, voire tout conte,
est l'expression imagée d'une vérité morale, à la
fois connaissance du monde et leçon de vie sociale.
Ainsi le conte des Mamelles [26] nous donne l'explication morale d'un fait naturel; ainsi, Petit-
Mari [27] Le Boli [28] éclaire une coutume, et Dja-
bon N'Daw [29] nous apprend pourquoi le Lion fuit
le bâton. Mais, presque toujours, le symbole
est double. Dans le dernier cas, le Lion qui fuit le
bâton, c'est le Noble qui préfère tout au déshonneur. Tandis que le conte plonge encore dans les
forces cosmiques à la manière des mythes, la fable, est, le plus souvent, l'illustration d'un principe de morale pratique, d'un proverbe. Le Taureau de Bouki [30], c'est la cupidité et la mauvaise
foi punies; Le Salaire [31], c'est l'ingratitude. Et
si le fabuliste se sert, outre les masques animaux,

26. *Les Contes d'Amadou Koumba.*
27. *Ibid.*
28. *Les Nouveaux Contes d'Amadou Koumba.*
29. *Ibid.*
30. *Ibid.*
31. *Les Contes d'Amadou Koumba.*

de faits irréels, c'est encore pour mieux nous faire saisir une vérité psychologique, humaine. Ainsi de Goné-l'Enfant, qui porte un caïman sur la tête [32].

Que ce soit dans les fables ou dans les contes, Amadou Koumba-Birago Diop ne fait que traduire, à travers la loi de l'interaction des forces vitales, la dialectique de la vie, qui est celle de l'univers. A l'anarchie et à la mort, s'oppose l'ordre de la vie. Ce sont les vivants, les existants qui, placés au centre du monde, sont les protagonistes de cette vaste « comédie humaine ». Ils sont, comme je l'ai dit plus haut, doués de liberté. Tantôt, ils s'élèvent contre la stupidité et l'injustice des grands, tantôt ils s'y soumettent ou s'en font les complices par lâcheté. Mais la Paix, si chère aux cœurs négro-africains, c'est-à-dire l'ordre, finit toujours par triompher. La Paix, par l'effet de ces vertus typiquement nègres que sont la piété, le bon sens, la loyauté, la générosité, la patience, le courage.

-:-

Le lecteur aura pensé que nous voilà loin de l'art. Qu'il se rappelle que l'art, en Afrique Noire, ne se sépare de la connaissance ni de la morale. Comme elles, il vise à la praxis. Et le conteur ne serait pas artiste s'il ne savait si bien mêler le réel et l'imaginaire, s'il n'était doué du don de fabulation. Plongeant au-delà du réel, il nous rapporte ces images rythmées qui donnent à la vie sa couleur et son sens.

---

32. *Les Contes d'Amadou Koumba.*

S'il n'était un dramaturge. Car le conte et sur-
tout la fable se présentent comme des drames. Et
le conteur joue ses personnages avec une sûreté
de geste et d'intonation rarement en défaut. Il
prend, tour à tour, la voix ironique de Leuk, la
voix nasillarde de Oncle Bouki, la bonne grosse
voix de Gnèye-l'Eléphant. Il chante ces poèmes
qui marquent le rythme de la pièce; il les danse
parfois.

Il s'agit de véritables spectacles, que l'on pour-
rait diviser en scènes et parfois en actes, comme
les pièces de théâtre. Et ce n'est pas hasard si
Lamine Diakhaté a porté Sarzan [33] *sur la scène*
du Théâtre fédéral de Dakar. Prenons, par exem-
ple, le Taureau de Bouki [34]. *Il se présente comme*
une comédie dramatique en un acte : il y a d'abord
l'exposition. Puis les scènes, qui peuvent s'inti-
tuler : 1) Bouki cherche du bois mort; 2) Bouki
cherche une marmite; 3) Bouki cherche du feu.
Enfin, le dénouement, *c'est-à-dire la défaite de*
Bouki.

Ce qui est difficile, à un non-africain, de goû-
ter pleinement, c'est la vérité des caractères, sin-
gulièrement l'art de Birago Diop dans les dialo-
gues et les chants.

Le Prétexte *est un chef-d'œuvre du genre,*
d'autant que Birago Diop ne l'a certainement pas
emprunté à Amadou-Koumba, qu'il est de son
cru, comme il arrive parfois. Rien n'y manque,
ni la finesse psychologique ni l'humour. Cet hu-
mour négro-africain, qui n'est pas le trait d'es-
prit, mais simplement l'exposé des faits. « *Il*

---

33. *Les Contes d'Amadou Koumba.*
34. *Les Nouveaux Contes d'Amadou Koumba.*

n'avait certes pas oublié sa prière du soir. Il l'avait faite au pied d'un baobab. Mais, son chapelet se trouvant au fond de sa poche, il n'avait pu le retirer, car, chaque fois qu'il plongeait la main dans la poche, ses doigts ne rencontraient que des biscuits. » Voilà le faux marabout, dessiné d'un trait vif et bref. Ici, l'esprit qui décrypte l'absurde est dans les faits, non dans le jeu de mots. Admirable aussi de vérité, est, dans Le Boli [35], la silhouette de « Débo, la vieille poulotte ».

Plus admirables encore, les dialogues de Birago Diop : dialogues animés, nourris de cris et de pleurs, qui se prolongent dans les gestes et les intonations du conteur; dialogues interminables malgré la brièveté des réparties, qui semblent tourner en rond, en cercles concentriques, avec des répétitions, des parallélismes coupés d'asymétries.

« *Où est l'os?*

— *L'os est là, répondit Awa après avoir soulevé le couvercle et piqué le jarret.*

— *S'amollit-il?*

— *Il s'amollit.*

— *Remets le couvercle et attise le feu »,* ordonna Mor Lame.

Et plus loin :

« *Où est l'os?*

— *L'os est là.*

— *S'amollit-il ? »*

Awa avait levé le couvercle, piqué le jarret :

« *Il s'amollit.*

— *Remets le couvercle, attise le feu, sors et*

---

35. *Ibid.*

ferme la porte! », ordonna le mari en prenant
une natte [36].

Dialogues rythmés. Car le rythme domine et
anime tous les arts négro-africains, même le récit.
Dans les temps anciens, il est vrai, la prose dif-
férait peu de la poésie. Le récit était rythmé, d'un
rythme seulement un peu plus libre que celui du
poème. Il était déclamé d'un ton monotone, sur
une note un peu plus élevée que celle de la conversation. Rythme des dialogues — nous venons de
le voir — aussi bien que rythme de la pièce
— conte ou fable — divisée en scènes, que souligne le retour périodique d'un chant-poème. Mais,
alors qu'en Europe le rythme, basé sur les répétitions et les parallélismes, « provoque un ralentis-
sement » et un mouvement statique [37], en Afrique
Noire, tout au contraire, répétitions et parallélismes provoquent une progression dramatique.
D'autant qu'il ne s'agit pas, ici, d'une simple
répétition. Comme dans le « style nègre » de
Charles Péguy, les répétitions se présentent avec
de légères variantes et les parallélismes sont
coupés d'asymétries. On sent que la répétition
ne peut se prolonger indéfiniment, que la rupture
approche, c'est-à-dire le dénouement, comme dans
le cas d'une porte contre laquelle s'acharne un
bélier.

Revenons au chant-poème, où se révèle, comme
nulle part ailleurs, le talent personnel de Birago
Diop.

---

36. *L'Os* (*Les Nouveaux Contes d'Amadou Koumba*).
37. Cf. Georges SCHLOCKER, *Equilibre et symétrie dans la phrase
française moderne*, pages 73 et 74 (Librairie C. Klincksieck).

Avec une aisance souveraine, il mêle texte et traduction, il entrechoque wolof et français. Mieux, il tire, de la simple traduction, des effets saisissants :

> « Et ça tombe ! ça tombe !
> Et pourquoi ça ne tomberait-il pas ?
>   Ça tombe !
>   — Quoi !
>   — Mais tout !
>   Tout tombe ! »

Plus loin :
> « Tout tombe !
>   Mais tout tombe ! »
Et les soufflets, curieux, d'interroger :
> « Où ?
>   Où ?
>   Où ?
> — Vers la tombe [38]. »

Nous entendrons, tour à tour, les coups sourds du marteau et les soupirs des outres en peau de chèvre, sans parler du rapprochement insolite des homonymes « tombe » (verbe) et « tombe » (substantif), qui donne leur sens aux harmonies imitatives.

Je citerai encore ces lignes de Samba-de-la-Nuit [39], où Birago Diop use des allitérations avec une sûreté remarquable :

> « Oui ! un grain de coton
>   qu'on le sème

38. *Le Boli (Les Nouveaux Contes d'Amadou Koumba).*
39. *Les Nouveaux Contes d'Amadou Koumba.*

qu'on l'irrigue
qu'on l'inonde
qu'on le cueille
qu'on le carde
qu'on le file
qu'on le tisse
qu'on le teigne. »

Cependant, comme souvent en Afrique Noire, où toute chose est ambivalente, peut être positive ou négative, le rythme provoque aussi, à l'occasion, des effets comiques — cela dépend du contexte : « Serait-on à l'agonie, que l'on doit toujours répondre, lorsque l'on a su un peu vivre, que l'on est en paix, en paix seulement, « Djâma rek! », que le corps est en paix, en paix seulement, « Djâma rek! »; le corps souffrirait-il de dix et sept maux, que la maison est en paix, en paix seulement, « Djma rek! », n'y aurait-il rien à manger et les femmes s'y disputeraient-elles de l'aube au crépuscule et bouderaient-elles du crépuscule à l'aurore. »

Tel est l'art de Birago Diop. Bien sûr, en disciple fidèle d'Amadou, fils de Koumba, il renoue avec la tradition et ressuscite la fable et les contes anciens. Dans leur esprit et dans leur style. Il les rénove cependant en les traduisant en français, avec un art qui, respectueux du génie de la langue française — cette « langue de gentillesse et d'honnêteté » —, conserve, en même temps, toutes les vertus des langues négro-africaines. « Et le premier qui en respirera le parfum ira au paradis. »

L. S. SENGHOR.

Dakar, le 20 octobre 1957.

L'OS

« *S'il avait le ventre derrière lui, ce ventre le mettrait dans un trou.* » Ainsi dit-on d'un gourmand impénitent.

A propos de Mor Lame l'on ajouta : « *Si la cupidité ne t'a pas entièrement dépouillé, c'est que tu n'es vraiment pas cupide !* »

-:-

-:-

Dans nombre de villages du pays, le bétail, ravagé par la plus meurtrière des pestes dont on eut jamais entendu parler de mémoire de vieillard, s'était lentement reconstitué. Mais, dans Lamène, aucun homme de vingt ans ne savait encore comment était faite une bête à cornes.

Lamène était certes beaucoup moins vieux que

le village de Niangal, où le passant, jadis, n'avait
trouvé, comme il le chanta plus tard, que :

> *Le poisson frais des uns*
> *Le poisson sec des autres*
> *Le poulet n'était pas encore à la mode !*

Le chaume de toutes ses cases avait été renou-
velé moins de fois et ses champs moins de fois la-
bourés que ceux de Niangal. Mais, si le poulet y
était à la mode depuis longtemps, le bœuf y
était inconnu de deux générations d'hommes.

-:-

Cette année-là, les pluies avaient été abondan-
tes, la terre généreuse, les criquets absents. Les
enfants n'avaient pas été, plus qu'il ne faut, en-
traînés par leurs jeux et ils avaient veillé raison-
nablement aux épis contre ces ravageurs impu-
dents que sont les mange-mil.

Force gourdins avaient contraint Golo-le-Singe
et sa tribu à respecter les arachides.

Quelques membres de sa famille ayant laissé
plus d'une patte aux pièges posés par les La-
mène-Lamène, Thile-le-Chacal avait jugé plus
sage d'aller ailleurs chercher d'autres melons
sinon plus succulents que ceux de Lamène, du
moins de récolte plus facile et à moindres risques.

Bref ! La récolte avait été magnifique, inespé-
rée pour ceux de Lamène.

On avait donc décidé d'envoyer des ânes char-
gés de mil, de maïs, d'arachides là-bas, au Ferlo,
où paissaient les immenses troupeaux de ces
Peulhs qui ne mangent presque jamais de viande,

tant il est vrai que l'abondance dégoûte et que
« quand ramasser devient trop aisé, se baisser
devient difficile ». Le Peulh ne vit cependant pas
que de lait et se trouve fort aise, lui qui ne
touche, de sa vie, ni *gop* ni *daba* (ni hilaire, ni
hoyau) d'avoir du mil. Pour faire de ce mil un
couscous, qu'il mélangera au lait de ses vaches :
lait frais, lait endormi, lait caillé ou lait aigre.

-:-

Depuis trois lunes, les ânes étaient donc partis,
guidés, sur les sentiers menant vers le Ferlo, par
les plus forts des jeunes gens de Lamène, qui
avaient reçu ordre de revenir avec, devant eux, un
beau taureau de sept ans.

Le partage de cet animal, le *Tong-Tong,* entre
les chefs de familles réapprendrait, au plus vieux
du village, aux vieux et aux gens mûrs, la plu-
part hélas, maintenant sans dent, la saveur de la
viande rouge. Aux jeunes et aux plus jeunes qui
n'auraient peut-être, en fin de compte, que des os
à ronger, il ferait connaître à tous, sinon le goût,
du moins l'odeur de la chair bouillie à point et de
la grillade.

-:-

Le jour même du départ des ânes et de leurs
convoyeurs, Mor Lame avait choisi, dans sa tête,
le morceau qu'il prendrait lors du Tong-Tong :
un os, un jarret bien fourni en chair et bourré de
moelle onctueuse !

— Tu le feras cuire doucement, lentement,
longuement, avait-il depuis ce jour et chaque jour
recommandé à sa femme, Awa, jusqu'à ce qu'il

s'amollisse et fonde comme du beurre dans la
bouche. Et que, ce jour-là, personne n'approche
de ma demeure !

-:-

Le jour arriva où les jeunes gens de Lamène,
partis pour le Ferlo, revinrent au village avec au
milieu d'eux, une corde à la patte postérieure
droite, un splendide taureau aux cornes immenses,
au poil fauve, brillant au soleil couchant. De son
cou massif, comme une souche de baobab, son fa-
non balayait la terre.

Au risque de recevoir un coup de pied, qu'il
évita de justesse, Mor Lame était venu tâter l'os
de son jarret. Et, après avoir rappelé à ceux qui
allaient tuer et partager la bête au premier chant
du coq que c'était bien là la part qu'il avait choisie et qu'il voulait, il s'en était allé recommander
à sa femme de le faire cuire doucement, lentement, longuement.

-:-

Le partage s'était fait aussitôt dit le *assalou-
mou Aleykoum* de la prière de Fidjir.

Les enfants n'avaient pas encore commencé à
racler les lambeaux de chair adhérant à la dépouille que Mor Lame était déjà dans la case,
après avoir fermé et barricadé sa porte, et donnait
sa part à sa femme :

— Fais-le cuire doucement, lentement, longuement !

Awa mit, dans la marmite, tout ce qu'un jarret
réclame pour, une fois cuit à point, fondre déli-
cieusement dans la bouche. Pour qu'il puisse donner un bouillon gras et moelleux, qui mouillera

onctueusement une calebasse de couscous. Un couscous étuvé comme il faut et malaxé avec la quantité juste nécessaire de poudre de baobab, de *lalo,* qui l'aide si bien à descendre de la bouche au ventre.

Elle posa la marmite sur le feu et le couvercle sur la marmite.

-:-

Mor Lame était étendu sur son *tara,* son lit de branches et de fibres d'écorce. Awa était accroupie auprès du feu qui enfumait le haut de la case. Le fumet du bouillon montait lentement et, peu à peu, chassait l'odeur de la fumée et remplissait toute la case, chatouillant les narines de Mor Lame.

Mor Lame se releva légèrement, s'appuya sur le coude et demanda à sa femme :

— Où est l'os?

— L'os est là, répondit Awa après avoir soulevé le couvercle et piqué le jarret.

— S'amollit-il?

— Il s'amollit.

— Remets le couvercle et attise le feu ! ordonna Mor Lame.

-:-

A Lamène, tout le monde était fervent croyant et aucun adulte n'y manquait aucune prière. Aussi Moussa s'étonna-t-il de ne point voir, ce jour-là, à la prière de yor-yor, Mor Lame, son frère de case, son *'bok-m'bar.*

Moussa, se jurant qu'il mangerait de cette viande, s'en fut à la demeure de celui qui était plus que son frère.

-:-

Plus forte que l'amour fraternel, plus tyranni-
que que l'amour paternel, la fraternité de « case »
soumet l'homme digne de ce nom à des règles, à
des obligations, à des lois qu'il ne peut transgres-
ser sans déchoir aux yeux de tous.

Avoir mêlé, à l'âge de douze ans, le sang de
votre sexe au sang d'un autre garçon sur un
vieux mortier couché sur le sol, par une aube fraîche, avoir chanté avec lui les mêmes chants initiatiques, avoir reçu les mêmes coups, avoir mangé,
dans les mêmes calebasses que lui, les mêmes
mets délicieux ou infects; bref! avoir été fait
homme en même temps que lui dans la même case,
dans la même m'bar, cela fait de vous, toute votre
vie durant, l'esclave de ses désirs, le serviteur de
ses besoins, le captif de ses soucis, envers et
contre tout et tous : père et mère, oncles et frères.

De ce droit, que coutumes et traditions lui oc-
troyaient sur Mor Lame, Moussa entendait user
et même abuser en ce jour du Tong-Tong.

-:-

— Il ne mangera pas tout seul cet os! Il ne le
mangera pas sans moi! se disait-il en heurtant,
de plus en plus fort, la tapate de Mor Lame et en
appelant son frère de case :

— C'est moi, Mor! C'est moi, Moussa, ton
plus-que-frère, ton 'bok-m'bar! Ouvre-moi!

Entendant frapper et appeler, Mor Lame s'était
levé brusquement et avait demandé :

— Où est l'os?

— L'os est là.

— S'amollit-il?

Awa avait levé le couvercle, piqué le jarret :
— Il s'amollit.
— Remets le couvercle, attise le feu, sors et
ferme la porte ! ordonna le mari en prenant une
natte.

Il alla étendre la natte à l'ombre du flamboyant,
au milieu de la cour et s'en fut ouvrir à Moussa.

Salutations cordiales et joyeuses d'une part, de
l'autre, des grognements et un visage renfrogné,
comme une fesse découverte à l'air frais du matin.

L'on ne ferme pas sa porte au nez de qui y
frappe et encore moins à un frère-de-case. Moussa
entra donc et s'étendit à côté de Mor Lame, dont
la tête reposait sur une cuisse d'Awa.

On eût peut-être entendu davantage que le ba-
vardage des oiseaux, surtout la voix rauque et
hargneuse des perroquets, si Moussa, intarissable,
ne faisait, à lui tout seul, les frais de la conversation.

Il parlait du pays, des uns, des autres, du bon
temps de leur jeunesse ! ressuscitant les souvenirs
de leur case d'hommes pour rappeler discrètement
Mor Lame à ses devoirs et obligations, si d'aven-
ture celui-ci les avait oubliées ou inclinait à les
négliger.

Mor Lame, n'étant pas d'humeur loquace, sans
doute, ce jour-là, ne répondait que par des oui, des
non, des peut-être, des *inch Allah,* quelquefois et
le plus souvent, par les mêmes grognements qui
avaient constitué le gros de ses salutations.

-:-

L'ombre du flamboyant se rétrécissait de plus
en plus et livrait, déjà, les pieds des deux frères-
de-case aux ardeurs du soleil.

Mor Lame fit signe à sa femme, qui se pencha vers lui et, dans le creux de l'oreille, il lui murmura :
— Où est l'os ?
— Il est là-bas !
— S'est-il amolli ?
Awa se leva, entra dans la case. Elle souleva le couvercle de la marmite, piqua le jarret, referma la marmite et revint s'asseoir, puis confia à son mari :
— Il s'est amolli.

-:-

Le soleil, après avoir hésité au zénith pour savoir s'il reviendrait sur ses pas ou s'il continuerait son chemin, commença à descendre vers l'Occident.

L'ombre du flamboyant s'étendit vers le levant.

Le Muezzin appela à la prière de Tésbar. Mor Lame et Moussa, Awa loin derrière eux, firent leurs dévotions; saluèrent leurs anges gardiens, demandèrent au Seigneur pardon et rémission de leurs péchés puis s'étendirent à nouveau à l'ombre du flamboyant, qui s'étendait toujours vers le levant.

Encore une prière. Puis la prière de l'izan, après que le soleil, las de sa journée, se fut couché.

Mor Lame, immédiatement après la dernière génuflexion, demanda, à l'écart, à sa femme :
— Où est l'os ?
— L'os est là-bas.
— S'est-il amolli ?
Awa s'en fut dans la case et revint :
— Il s'est amolli.
— Ce Moussa ! fit le mari tout bas, mais la rage

au cœur, ce chien ne veut pas s'en aller; Awa, je vais tomber malade.

Ainsi, dit-il, ainsi, fit-il.

Et tremblant, raide, il se mit à transpirer comme une gargoulette remplie d'eau et pendue à l'ombre d'un tamarinier; et à frissonner comme le lait qui va bouillir.

Aidée de Moussa, qui, en vrai frère-de-case, compatissait grandement aux douleurs de Mor Lame, Awa transporta son époux dans une autre case que celle où bouillait la marmite.

Sa femme à son chevet, son frère-de-case à ses pieds, Mor Lame geignait, frissonnant et transpirant. Il écouta passer le temps jusqu'au milieu de la nuit.

Faiblement, il demanda à Awa :

— Où est l'os?

— L'os est là-bas!

— S'est-il amolli?

— Il s'est amolli.

— Laisse-le là-bas. Ce chien ne veut pas partir. Femme, je vais mourir. Il sera bien forcé de s'en aller.

Ayant dit, il fit le mort; un cadavre déjà tout raide, tout sec!

Sa femme, poussant des hurlements, se griffant le visage, dit alors à Moussa :

— Moussa, ton frère-de-case est mort. Va chercher Serigne-le-Marabout et les gens du village.

— Jamais de la vie, affirma Moussa. Jamais, je n'abandonnerai, à cette heure-ci, mon plus-que-frère, ni toi toute seule devant son cadavre. La terre n'est pas encore froide, le premier coq n'a pas encore chanté. Je ne vais pas ameuter tout le village. Nous allons le veiller, tous les deux seuls, comme nous le devons, nous qui sommes, nous qui fûmes les êtres qui lui furent les plus chers.

Quand le soleil se lèvera, les femmes passeront bien par ici pour aller au puits; elles se chargeront toutes seules de prévenir les gens du village.

Et Moussa se rassit aux pieds du cadavre et Awa à son chevet.

La terre se refroidit, le premier coq chanta. Le soleil, sortit de sa demeure.

Des femmes, allant au puits, passèrent devant la maison de Mor Lame. Le silence inaccoutumé les intrigua. Elles entrèrent et furent mises au courant du décès de Mor Lame.

Comme un tourbillon, la nouvelle se répandit dans Lamène.

Serigne-le-Marabout et les notables et les hommes envahirent la maison.

-:-

Awa se pencha sur l'oreille de son mari et murmura :

— Mor, la chose devient trop sérieuse. Voici, dans la maison, tout le village venu pour te laver, t'ensevelir et t'enterrer.

— Où est Moussa? demanda, dans un souffle, le cadavre de Mor Lame.

— Moussa est là.

— Où est l'os?

— Il est là-bas.

— S'est-il amolli ?

— Il s'est amolli.

— Que l'on me lave! décréta Mor Lame.

Selon les rites et récitant des sourates, on lava le cadavre de Mor Lame.

Au moment où Serigne-le-Marabout allait l'ensevelir dans le linceul blanc, long de sept coudées, Awa s'avança :

— Serigne, dit-elle, mon mari m'avait recommandé de réciter sur son cadavre une sourate qu'il m'avait apprise pour que Dieu ait pitié de lui.

Le Marabout et sa suite se retirèrent. Alors Awa, se penchant sur l'oreille de son époux :

— Mor ! Lève-toi ! On va t'ensevelir et t'enterrer si tu continues à faire le mort.

— Où est l'os ? s'enquit le cadavre de Mor Lame.

— Il est là-bas.

— S'est-il amolli ?

— Il s'est amolli.

— Et Moussa, où est-il ?

— Il est toujours là.

— Que l'on m'ensevelisse ! décida Mor Lame. Ainsi fut fait.

Et, son corps posé sur la planche et recouvert du cercueil qui servait pour tous les morts, on dit les paroles sacrées et on le porta au cimetière.

Pas plus qu'à la Mosquée, les femmes ne vont au cimetière les jours d'enterrement.

Mais Awa s'était souvenue, soudain, qu'elle avait encore une sourate à dire sur le corps de son époux au bord de la tombe. Elle accourut donc. Et tout le monde s'étant écarté, à genoux près de la tête du cadavre, elle supplia :

— Mor Lame, lève-toi ! Tu dépasses les bornes. On va t'enterrer maintenant.

— Où est l'os ? interrogea Mor Lame à travers son linceul.

— L'os est là-bas.

— S'est-il amolli ? S'est-il bien amolli ?

— Il s'est bien amolli.

— Et Moussa?

— Moussa est toujours là.

— Laisse que l'on m'enterre. J'espère qu'il s'en ira enfin.

On dit les dernière prières et l'on descendit au fond de la tombe le corps de Mor Lame, couché sur le côté droit.

Les premières mottes de terre couvraient déjà la moitié du défunt quand Awa demanda encore à dire une dernière prière, une dernière sourate.

— Mor Lame, souffla-t-elle dans la tombe; Mor, lève-toi, on comble la tombe!

— Où est l'os? s'informa Mor Lame à travers son linceul et le sable.

— Il est là-bas, répondit Awa dans ses larmes.

— S'est-il amolli?

— Il s'est amolli.

— Où est Moussa?

— Il est toujours là.

— Laisse combler ma tombe!

Et on combla la tombe.

Et Mor Lame, le gourmand, Mor-le-Cupide n'avait pas fini de s'expliquer avec l'Ange de la Mort venu le quérir et à qui il voulait faire comprendre :

— Eh! je ne suis pas mort, hein! C'est un os qui m'a amené ici!

Que Serigne-le-Marabout, approuvé par tous les vieux du village, toujours de bon conseil, décidait :

— Moussa, tu fus le frère-de-case, le plus-que-frère de feu Mor Lame. Awa ne peut passer en de meilleures mains que les tiennes. Son veuvage ter-

miné, tu la prendras pour femme. Elle sera pour
toi une bonne épouse.

Et tout le monde s'en fut après force *inch Allah !*

Alors Moussa, régnant déjà en maître dans la
maison de feu Mor Lame, demanda à Awa :

— Où est l'os?

— Il est là, fit la veuve docile.

— Apporte-le et qu'on en finisse.

LE PRÉTEXTE

Qu'avait-on dit? Qui avait parlé? Sur quoi parlait-on et de quoi avait-on parlé? Je n'avais pas écouté. J'ouvris mes oreilles lorsque j'entendis :

— Non!

Et la voix d'Amadou Koumba :

— Non, dit Amadou Koumba, point n'est besoin d'un gros appât pour piéger une grosse bête. Des prétextes? Qui veut peut en trouver. Certes, il y faut l'occasion. Le bambin s'attrape au flanc du canari d'eau, à la canicule, et Guéwel M'Baye, le Griot, admire encore en ses vieux jours comment son maître, Mar N'Diaye, se débarrassa, un soir, d'un hôte trop encombrant.

En ce temps-là, nous ne connaissions ni Prévoyance, ni Conditionnelle. Nous n'avions qu'un Commandant par Cercle. On ne te prêtait pas deux sous pour t'en reprendre sept. Nous n'avions pas partout des Libanais, ni autant de Syriens, à peine quelques Nor-ou-Gamar [1] tenant boutique.

1. Maures de Mauritanie.

Les patrons blancs des comptoirs comprenaient quelquefois mieux le woloff ou le sérère que leurs employés noirs, et beaucoup parmi ces derniers parlaient souvent un français plus pur que celui de leur toubab venu tout droit de ses montagnes, sans avoir jamais passé même dans les environs de Paris.

Le paysan empruntait à son traitant, aux mois de soudure, pour vivre et se vêtir, pour faire vivoter et habiller sa famille. Il portait à son traitant sa récolte, payait sa dette, retirait ses gages, et, ses achats faits, s'en retournait à son village jusqu'aux prochains mauvais jours, jusqu'aux mois de la soudure.

Ce traitant, que son toubab venait contrôler de loin en loin, était quelquefois un enfant du terroir, mais le plus souvent un saint-louisien, un *domou-n'dar*. Cossu, respecté, il était la providence des passants, le bienfaiteur des voyageurs et des petits talibés des écoles coraniques qui mendient leur pitance le matin, leur repas au milieu du jour et leur provende de nuit.

Le plus réputé des traitants du Baol était Mar N'Diaye, venu de Saint-Louis aux premières années où le chemin de fer traversait le Diander, Djéri-Djor-le-Vaillant ayant disparu. Il n'était pas un baol-baol qui ne connût de nom sa loyauté en affaires, sa générosité envers les miskines [2] et son affabilité envers tout le monde. Son hospitalité était renommée dans tout le baol, dans le Cayor, du Oualo au Sine-Saloum.

C'est pourquoi Serigne Fall décida un jour de

2. Pauvres.

lui faire visite et partit de Tivaouane vers N'Diénène.

-:-

Serigne Fall était de ces éternels talibés gravi-
tant de loin autour de nos vrais marabouts, de nos
grands marabouts. Ne connaissant ni khala, ni
kassirane, presque souvent guère plus de cinq ou
sept sourates en plus de la Fatiha, abondamment
nourris de bida, ils se disent à leur tour marabouts
auprès du profane crédule, et, « sans bûcher ni
tailler », veulent vivre et mener grand train,
payant le gîte et la vêture, le boire et le manger
en prières; en prières marmonnées inintelligi-
blement (et pour cause) et en salive copieuse-
ment aspergée sur les mains tendues des grandes
personnes et sur le crâne tondu et teigneux des
enfants. Nous les appelions « petits serignes »,
vous les qualifiez maintenant de « grands fai-
néants ». L'espèce est toujours la même : pleine
de fausse onction et insinuante, parasite-type, in-
constante et vagabonde.
Si tu veux les couvrir, tu resteras les fesses à
l'air.

Serigne Fall avait donc décidé d'aller de Tivaouane à N'Diénène faire visite à Mar N'Diaye,
le riche et généreux traitant, pour goûter à cette
hospitalité dont la réputation avait atteint les
rivages de la mer, franchi les berges du Fleuve
et dépassé les montagnes du Fouta.
Muni de sa bouilloire pour les ablutions, galbé
de son outre, le chapelet plus souvent autour du
cou ou dans la poche qu'aux doigts, il s'en fut
par les sentiers, s'arrêtant dans les villages,

louant le nom du Maître des Créatures, priant, mangeant, dormant chez les fervents croyants, qui se disputaient l'honneur et le bonheur de l'héberger pour attirer sur eux et sur leurs proches les bénédictions divines.

Il arriva enfin, un soir, à N'Diénène. Mar N'Diaye le reçut comme il savait recevoir tout hôte de passage, aimablement, largement, en vrai musulman, en vrai woloff, en vrai domoun'dar [3].

Chaque jour, on égorgeait un mouton, on tuait poulets et canards, on confectionnait mayonnaise et crème et toutes sortes de bonnes choses en son honneur et pour le mieux-être de son ventre déshabitué cependant, depuis très peu de temps seulement, du couscous m'boum, à l'oseille et au niébé.

-:-

Quelqu'un dont tout cela ne faisait point l'affaire, bien qu'il ne fût en rien frustré dans ses prérogatives et avantages, c'était Guéwel M'Baye, le griot de Mar N'Diaye.

Guéwel M'Baye prenait maintenant la défense des enfants, qui n'en croyaient pas leurs oreilles, lorsque les femmes les grondaient et les chassaient des abords de la case de Serigne Fall, sous prétexte qu'ils troublaient le marabout dans ses méditations et ses oraisons.

Sans les aimer moins, Guéwel M'Baye, en effet, distribuait à l'accoutumée plus de taloches que de caresses aux enfants, et ce, pour leur grand bien, pour leur éducation. Et voilà que

3. Fils de Saint-Louis.

maintenant, il prenait leur défense contre les
femmes de la maison! Il se moquait tout le temps
de celles-ci, de leur crédulité et de leur admiration
béate devant Serigne Fall.

— Si vous ne comptez que sur celui-là pour ga-
gner le paradis, votre place n'y sera pas bien
grande, leur répétait-il à tout propos.

Elles avaient beau le menacer :

— Héye! Guéwel M'Baye, attends que Dieu
t'attrape!

— Vous me laisserez m'expliquer tout seul
avec lui. Que personne ne vienne nous séparer.
Il n'est pas aussi naïf que vous, le Créateur.

Mais, devant Serigne Fall, Guéwel M'Baye
était obligé de rentrer sa langue pointue et aigui-
sée, bien que l'envie le démangeât de lui sortir
tout ce qu'il avait dans le ventre, de lui dire son
fait.

Défense lui avait été faite par son Maître de
dire, non pas un seul mot mal placé (ce n'était
pas son habitude d'ailleurs, car il avait d'autres
moyens pour vexer son monde, et son maître le
savait bien), mais d'insinuer la moindre allusion
malveillante à l'encontre du marabout.

Et c'est cela qui avait été le plus dur. Guéwel
M'Baye rageait donc en silence. Ne pouvant verser sa hargne que sur les femmes, à la grande
joie des enfants, il avalait et remâchait seul ses
réflexions sur Serigne Fall. Les grands n'aiment
entendre que les critiques qui leur plaisent, et
Mar N'Diaye n'entendait pas qu'on en fît sur son
hôte. Guéwel M'Baye se taisait donc, et pourtant...

Pourtant Serigne Fall, dont l'éducation n'était
pas plus solide que l'instruction — qui était des

plus rudimentaires, l'encre de sa tablette n'ayant jamais séché —, Serigne Fall ne savait même pas se tenir comme il sied autour du plat commun, ni manger convenablement.

Il puisait à pleine main dans la mayonnaise, s'emparait d'une carcasse entière de poulet; se grattait, toussotait, toussait, crachait, crachotait, se mouchait à longueur de journée et n'importe où.

-:-

Le temps passait et Serigne Fall ne parlait toujours pas de prendre congé

La traite était arrivée. N'Diénène vivait tout le jour et presque toute la nuit et ne désemplissait pas de paysans venus avec leurs ânes et leurs chameaux porter les produits de leurs champs. Le marché y durait jusqu'après le milieu de la nuit.

S'étant sans doute trop ennuyé ce jour-là d'avoir trop entendu parler de mil et d'arachides, discuter poids et bascule, Serigne Fall, après le repas du soir (un couscous à deux sauces, noyé pour terminer de lait frais et mousseux), s'en était allé vers le marché. Flânant entre les étalages éclairés par des bougies et des photophores, il s'était arrêté devant un marchand de biscuits.

Parfois Seytané-le-démon entre en l'homme et le pousse subitement. L'envie prend alors celui-ci de faire ceci ou dire cela sans aucune raison raisonnable; d'avoir cela ou ceci, dont il n'a nul besoin. Ainsi en fut-il de Serigne Fall ce soir-là. Bien qu'il eût le ventre plein à éclater de bon couscous, de mouton et de lait frais, l'envie le prit de manger des biscuits. Il en acheta donc et s'en revint vers la maison de Mar N'Diaye.

Il n'avait certes pas oublié sa prière du soir. Il l'avait faite au pied d'un baobab. Mais son chapelet se trouvant au fond de sa poche, il n'avait pu le retirer, car, chaque fois qu'il plongeait la main dans la poche, ses doigts ne rencontraient que des biscuits.

Débarrassé des soucis de la journée, tous ses comptes en règle, Mar N'Diaye avait fini sa prière du soir et disait son chapelet pour « payer » toutes les oraisons qu'il avait négligées dans l'ardeur du labeur quotidien. Des prières, Guéwel M'Baye n'en avait pas plus fait que le Maître de maison quand le soleil brillait et brûlait, bien qu'il n'eût ni comptes à régler ni soucis grands ou petits à écarter. Il n'en fit pas plus que lui sans doute, puisqu'il avait plié sa peau de mouton et somnolait. Un griot a moins besoin que son Maître de demander rémission de ses péchés pour se faire entendre du Bon Dieu et l'attendrir.

Mar N'Diaye priait, Guéwel M'Baye somnolait quand Serigne Fall entra dans la chambre.

Serigne Fall était entré, s'était assis derrière le vieux traitant, et puisait toujours dans sa poche, où le poids des biscuits commençait à peser moins lourd sur les grains de son chapelet. Sa main droite allait constamment de sa bouche à sa poche et de sa poche à sa bouche. Les biscuits craquaient toujours entre ses mâchoires : *khadjoum, Khadjoum !*

Pendant qu'il berçait le sommeil de son griot, ce bruit pourtant régulier : *khadjoum! Khadjoum!* troublait-il Mar N'Diaye dans ses méditations? L'empêchait-il de suivre avec ferveur le chemin du salut, si dur et si rude? Toujours est-il que le vieux traitant, se retournant, interrogea d'une voix qui n'avait rien d'amène :

— Qu'est-ce qui fait donc ce *khadjoum, khadjoum?*

D'une voix doucereuse, malgré sa bouche pleine, Serigne Fall reconnut :

— C'est moi.

Et expliqua :

— J'ai été après dîner me promener sur la place du marché. J'ai trouvé des biscuits et j'en ai acheté quelques-uns pour me distraire.

— Des biscuits la nuit? s'ahurit Mar N'Diaye.

— Des biscuits-la-nuit! *Bismilaï djam!* Des biscuits-la-nuit? Ce n'est pas possible. Serigne Fall ramasse tes affaires et sors de ma demeure. Sors et va-t'en!

Guéwel M'Baye avait ouvert un œil et puis les deux oreilles.

— J'ai passé, continuait son Maître, Serigne Fall, j'ai passé sur beaucoup de choses, et même sur tout, mais des biscuits la nuit? J'ai passé sur la mayonnaise puisée à pleine main. J'ai pardonné le poulet dépiauté plus que voracement et le couscous avalé goulûment. J'ai ignoré les crachats autour du plat et le grattage avec la main gauche, quand la droite emplissait la bouche. Je n'ai pas entendu les quintes de toux ni senti les postillons. Je n'ai pas écouté les reniflements ni vu la morve sur mes nattes. Mais des biscuits la nuit? Personne n'a jamais vu cela

dans ma maison et ne l'y verra jamais. Des biscuits la nuit ! Serigne Fall, dehors !

Et Mar N'Diaye se débarrassa ainsi de Serigne Fall, qui s'en fut dans la nuit, tandis que
Guéwel M'Baye se rendormait en murmurant :

— Point n'est besoin d'un gros appât pour at-
traper une grosse bête.

LA ROUSSETTE

« Que les façons se fassent ainsi qu'il le faut. »
Depuis N'Diadiane, N'Diaye et depuis Med-
jembe, le premier cultivateur, c'est là l'élémen-
taire conseil que tout chef de famille n'a jamais
manqué de prodiguer à sa progéniture, mâle ou
femelle; un ordre que le plus petit bambin
échappé des pagnes de ses mère, tantes et sœurs
n'a jamais ignoré, ni osé enfreindre.

Et des façons les plus simples, la plus simple
a toujours été de mettre le feu aux mauvaises
herbes et aux souches mortes.

Lou heup tourou, a-t-on toujours dit : « le
trop déborde ». Pour l'homme de la terre, l'homme
des champs, le feu ne doit déborder, ni sur les
demeures, ni dans la brousse. Il n'est que
Poulo-le-Berger, insouciant et vagabond, sans at-
taches et négligent, pour oublier parfois d'étein-
dre un feu-de-fauves avant de lever le camp à
l'aube fraîche. Mais Poulo savait vivre et tenait
à la peau claire collée à ses maigres os de mal-

nourri pour ne pas exposer celle-là, ni ceux-ci aux gourdins des gens des villages.

Pourtant Keur-Samba, le plus laborieux des villages, avait flambé, cases et greniers, hangars à palabres et mosquée.

Et nul n'avait pu dire si l'étincelle était partie de la brousse, d'un hangar ou de dessous une marmite.

Tout avait brûlé. Tout ou presque tout : la brousse était noire et morte. Les lougans tendaient, vers le ciel, les moignons noircis de leurs souches calcinées. Les cases et les clôtures des demeures n'offraient plus aux vents brûlants, que des chicots, qui s'effritaient aux moindres souffles.

Et Golo-le-Singe, qui, depuis des lunes, avait trouvé asile et pitance à Keur-Samba, son échine roussie et son derrière brûlé à vif, s'était enfui, tremblant encore de tout son corps. Il s'en était retourné en brousse.

Car Golo-le-Singe aussi, ayant habité, un temps, Keur-Samba, avait pâti comme ceux de Keur-Samba, sinon davantage de cet incendie de de la brousse qu'il avait, à juste raison, jugé malheur !...

Golo-le-Singe, en effet, avait tant fait aux gens de la brousse qu'il avait, à juste raison, jugé plus salutaire et prudent de se réfugier au village, dans la demeure de la famille du vieux Samba, qui était la plus nombreuse et partant la plus hospitalière du pays. La nourriture assurée, les enfants pas plus méchants, ni guère plus taquins qu'ailleurs, Golo avait bien accepté d'être attaché à un vieux pilon, fiché au milieu de la cour par les femmes, qui désiraient piler tranquille-

ment leur mil, étuver en paix leur couscous, cui-
siner à leur aise le riz du jour et le *bassi* de la
nuit sans que Golo fourrât son nez ou ses pattes
(ce qu'il n'eût pas manqué de faire) ni dans les
mortiers ni dans les marmites ni dans les calebasses. Seuls les enfants entendaient les horreurs
et les grossièretés, les incongruités que Golo débi-
tait à l'adresse des grandes personnes, avec force
grimaces, contorsions, bonds et pirouettes au
bout de la chaîne qui lui ceignait les reins et le
liait au pilon usé. Ils l'appelaient par son petit
nom; ses cabrioles étaient scandées par leurs battements de mains :

> *Boubou! sa wayang! wayang!*
> *Boubou! sa wayang! wayang!*

Et... Tout avait brûlé en brousse et aux
champs! Tout flambait : le village, la demeure
du vieux Samba! On avait sauvé ce que l'on avait
pu sauver; et tout le monde, sur la grand-place qui
jouxte la demeure du vieux Samba, regardait les
flammes dévorer, après les tapates, les toits de
chaume et les racines des cases, lorsque la plus
petite des filles du plus jeune fils de Samba
s'était mise à crier, à pleurer : « On a oublié
Boubou! on a oublié Boubou! Et les femmes
avaient repris : « On a oublié Boubou! Waye!
Boubou! pauvre Boubou! »
Mor, l'aîné du vieux Samba, avait pris une
hache, avait franchi un coin de cour presque
complètement calciné et, de trois coups de cognée,
avait coupé la chaîne qui ceignait les reins de
Boubou-le-Singe. En trois bonds, Boubou était au
milieu de la grand-place, échine roussie, derrière

brûlé à vif et yeux exorbités, pendant que toute la maisonnée et tous ceux du village s'apitoyaient :

Pauvre Boubou! Waye Boubou!

Golo, pour la première fois — et la dernière —, parla aux grandes personnes... Il leur confia, très peu! oh! pas grand-chose; trois mots seulement! vrai, trois mots sortis du plus profond de son ventre :

Khaw-nâ-dê!
« J'ai failli crever! »

-:-

Golo s'en était retourné en brousse.
Tout était dévasté, désolé!
Chercher de quoi se nourrir demeurait, pour chacun le seul problème. Et nul, sauf Bouki-l'Hyène, ne s'était aperçu du retour de l'ancien hôte de Keur-Samba.
Curieuse et malveillante, Bouki-l'Hyène, insidieusement, s'obstinait à interroger Golo-le-Singe et voulait savoir ce qui avait roussi l'échine de celui-ci et mis à rouge son derrière. Golo expliqua enfin à Bouki-l'Hyène :
— J'ai voulu convaincre ces sourds de Keur-Samba que c'est bien moi qui avais mis le feu à leurs lougans, pour avoir toute la viande séchée qu'ils ont promise à l'incendiaire qui leur rendrait un si grand service en leur évitant un si gros travail.
— Quoi? Comment? nasilla Bouki. Que dis-tu?
— Oui! J'ai eu beau m'asseoir sur une torche

encore toute fumante et me frotter le dos contre
un tamarinier qui brûlait encore hier, ils n'ont
pas voulu me croire. Ils n'ont rien voulu savoir.
Ceux de Keur-Samba ont prétendu que je n'étais
pas assez malin pour faire du si beau travail.

— Ils n'ont pas voulu te croire?

— Ils n'ont même pas voulu me donner la
moindre lanière de *sèle*, dont ils ont trois greniers
pleins.

Et Bouki s'en était allée sur le sentier de Keur-
Samba, après avoir emprunté son tama (un tout
petit tambour, mais le plus grand des bavards) à
Leuk-le-Lièvre, qui écoutait, sourire aux yeux,
tout à côté.

Hommes, femmes et enfants se reposaient du
dur labeur qu'était la réfection des cases et la
renaissance du village.

Lianes, piquets et paille maigre entouraient la
grand-place, que dominait le baobab-arbre-à-pa-
labre aux feuilles racornies.

Cinq notes avaient éclaté dans l'ardeur du
soleil des champs et s'étaient répercutées dans
l'ombre chiche du baobab :

N'dong! N'dong! N'dong! N'dong! N'dong!

Enfants et femmes s'étaient redressés.

N'dong! N'dong! N'dong! N'dong! N'dong!

Les hommes avaient tendu l'oreille :

N'dong! N'dong! N'dong! N'dong! N'dong!

Les enfants s'étaient lancés à la rencontre de
ces bruits inopportuns. Mais, déjà, Bouki-l'Hyène

apparaissait, son tama sous l'aisselle et déclarait
de loin :

Daye ghi! Mâ ko lak!
N'dong! N'dong! N'dong! N'dong! N'dong!

« La brousse! je l'ai brûlée! »

Daye ou dâw it mâ ko lak!
Mâ dôné khoumbal
Bé lak ko
Daye ghi mâ ko lak!

« La brousse de l'an dernier aussi, c'est moi
C'est moi qui pétunais   [qui l'ai brûlée
Jusqu'à la brûler.
La brousse, c'est moi qui l'ai brûlée! »

On laissa le chanteur-tambourinaire s'approcher avec son tama et on lui fit répéter ses paroles
et sa musique.
Un cercle joyeux se forma autour de lui, et
Bouki, toute fière, affirmait toujours :

> « *La brousse, je l'ai brûlée,*
> *La brousse de cette année,*
> *Je l'ai brûlée.*
> *C'est en pétunant.*
> *Que je l'ai brûlée!*
> *La brousse, je l'ai brûlée!* »

Et l'espiègle tama approuvait :

N'dong! N'dong! N'dong! N'dong N'dong!

Bouki s'arrêta enfin et réclama :

— Où est donc la viande séchée, promise à l'in-cendiaire ?

— Les *sèles* promises à l'incend...! s'étonnè-rent les enfants, mais les hommes ne les laissèrent pas achever.

Déjà, les piquets, transformés en gourdins, s'abattaient sur le dos du *tamakatt*, qui n'a ja-mais raconté, depuis, comment il s'échappa de Keur-Samba et n'a jamais voulu dire pourquoi ses reins sont fléchis depuis ce jour-là.

-:-

Quand Bouki-l'Hyène, traînant le derrière, tama perdu, reins meurtris, mais regrettant tou-jours sa viande séchée, revint en Brousse, toute la gent à quatre pattes avait été ameutée par Leuk-le-Lièvre sur les ordres de Bour-Gayndé-N'Diaye-le-Lion, le roi des animaux.

Les effets de l'incendie ne s'étaient pas encore atténués et la chasse devenait chaque jour plus difficile et moins fructueuse pour tout un chacun.

Seul le peuple ailé avait moins pâti que les au-tres des dévastations du feu.

Bour-Gayndé avait donc fait venir tous ses su-jets, petits et grands, et décrétait : « A partir d'aujourd'hui, il n'y aura plus de chasse indivi-duelle. »

Et tous ses sujets d'acquiescer :

Deu leu N'Diaye! Deu leu!

« C'est vrai, N'Diaye ! C'est vrai ! »

— J'ai décidé que, jusqu'à nouvel ordre, nous, les bêtes à quatre pattes, nous ne nous attaquerons plus les uns aux autres.

— *Deu leu N'Diaye!* C'est vrai!

— Nous ne chasserons plus que le peuple à plumes, que la gent ailée, qui a échappé, en nous narguant, à cet incendie de malheur.

— C'est vrai, N'Diaye! C'est vrai!

— Chacun rapportera, à mes pieds, ce qu'il aura pris. Et je ferai le partage équitablement!

— C'est vrai, N'Diaye! C'est vrai!

— Et je n'admettrai, au partage, ni murmures ni récriminations ni soupirs ni tristes figures!

— *Deug leu N'Diaye! Deug leu!*

-:-

Bouki, qui n'avait jamais chassé de sa vie, s'étant toujours contenté de suivre à la trace Gaynndé-le-Lion, Sègue-la-Panthère et autres seigneurs de moindre importance pour se repaître des reliefs de leurs repas, ou plus souvent Poulo-le-Berger, dont le chemin de transhumance était jalonné par la charogne des vieilles bêtes qui crevaient, Bouki, qui ne s'aventurait plus depuis longtemps à accompagner — de loin — Laobé-le-creuseur-de-mortier-et-fabricant-de-calebasses, dont le gourdin avait si souvent vengé sur son dos une vieille ânesse traînarde pour un bout de fesse emporté, Bouki n'avait pas osé devant Gaynndé-le-Lion, exciper des coups reçus à Keur-Samba et de son impotence pour se faire dispenser de corvée de gibier, surtout de gibier ailé, pour ne pas participer à la quête nourricière et collective.

Il s'en était même bien gardé, escomptant que le

travail de tous ne pourrait que lui être profitable.

— Allez! avait ordonné Bour-Gayndé.

Et tous s'en étaient allés...

Et la journée fut longue parce que le soleil, trop curieux, ne s'était pas pressé de descendre du haut du ciel après avoir mis tant de temps à atteindre le zénith. Il s'était diverti et continuait à s'ennuyer à regarder les chasseurs à quatre pattes courir, ramper, fouiner, fureter, grimper, nager à la poursuite du gibier ailé, qui, dès avant la pointe de l'aube, avait été alerté par Thioye-le-Perroquet.

Bouki, qui n'avait pas été bien loin et s'était terré à l'ombre d'un vieux tamarinier, avait profité du retour d'un groupe de chasseurs pour retourner auprès du trône de Bour-Gayndé, où s'amoncelait un gros tas d'ailes. Chacun suant, soufflant, avait rapporté une proie.

Et Gayndé-le-Lion commença le partage de la chasse anonyme.

-:-

— Cette autruche, je la garde pour moi, fit Gayndé.

Et le chœur des chasseurs, d'une seule voix, approuva :

> *Bâkhe na, N'Diaye! Bâke na!*
> « C'est bien, N'Diaye! C'est bien! »

— Sègue, prends cette outarde, dit Gayndé.

> *Djardjeff, N'Diaye! Djardjeff!*

— Téné, prends ce canard armé.

Et Téné-le-Léopard de remercier :

— Merci N'Diaye ! *Djardjeff !*

Et la distribution continuait apparemment à la satisfaction de tout un chacun.

Perdreaux, cailles et pintades, francolins, canepetières et bécassines furent ainsi répartis entre putois, civette, cynhyène et autres vassaux d'infime lignage.

Et Thile-le-Chacal de rendre grâces :

Djardjeff, N'Diaye ! Djardjeff !

— Tiens, Bouki ! fit Bour-Lion en tendant, à bout de patte, une roussette bien rabougrie, mais dont les yeux commençaient à s'ouvrir à la pénombre du crépuscule.

Bouki fit deux pas, puis s'arrêta net, le regard fixé sur ce que lui offrait le roi des animaux.

-:-

Bouki avait beau incarner, depuis toujours, depuis Adama N'Diaye, la bêtise et l'imbécillité, il était quand même originaire du Saloum, du Saloum où rien ou presque rien de la Nature n'est ignoré de personne.

L'on a toujours su, au Saloum notamment, que tout ce qui porte des ailes a des plumes et sort d'un œuf, que tout ce qui sort d'un œuf n'a jamais eu d'oreilles apparentes. Oui ! tout ce qui sort d'un œuf manque d'oreilles, que ce soit Ganar-la-Poule, Djanne-le-Serpent et même Diassigue-le-Caïman !

Et voilà que Gayndé-le-Lion, Bour-Gayndé, tendait à Bouki-l'Hyène... une *Roussette*. Roussette, la grande sœur de N'Djougoup-la-Chauve-

Souris, qui, comme Mère Chouette-la-Sorcière,
dort le jour et ne bouge que la nuit venue. Mais
déjà Gayndé-le-Lion s'impatientait. Ses yeux
commençaient à devenir encore plus rouges...

— Bouki! qu'avais-je dit ce matin? interrogea
Gayndé-le-Lion entre ses moustaches.

Et Bouki fixait toujours la Roussette au bout
de la patte royale. Une Roussette toutes dents dehors!...

— Bouki! rugit Bour-Lion, je t'offre ta part et
tu la méprises!

Et Bouki enfin d'affirmer :

> *Khêbou ma ko, N'Diaye!*
> *Khêbou ma ko!*
> « Je ne la méprise pas, N'Diaye!
> Je ne la méprise pas! »

— Comment? s'emporta Bour-Gayndé. Que
dis-tu?

Et Bouki :

> *Khêbou ma ko, N'Diaye!*
> *Khêbou ma ko!*
> *Daf ma yème!*
> « Je ne la méprise pas, N'Diaye
> Je ne la méprise pas!
> *Elle m'ahurit!* »

— Quoi? s'enrouait un peu la voix de Gayndé.
Et Bouki :

— *Ceci* qui a des ailes, mais qui a des poils, qui
a des oreilles pointant vers le ciel, qui me fixe de
ses yeux globuleux et me darde son rictus éclat-
tant...

> « Je ne la méprise pas, N'Diaye!
> *Ça m'ahurit!!!* »

LE BOLI

Les jambes du vieux Noumouké-le-Forgeron n'y mettaient pas de la mauvaise volonté, mais vraiment elles n'en pouvaient plus de porter son tronc creux et courbé, son cou noueux, sa tête ridée et son crâne desséché que blanchissait le coton égrené de ses cheveux et de sa maigre barbe.

Le vieux Noumouké ne pouvait plus que péniblement aller au Bois sacré pour verser le lait aigre et le sang des poulets sur les pieux et les statuettes qui abritaient les ancêtres.

Tiéni, le fils du vieux forgeron, était encore trop jeune pour être initié aux rites du clan et aux sacrifices. Il n'était même pas encore entré dans la case des hommes.

Le vieux Noumouké avait donc rapporté, la dernière fois qu'il put se traîner jusqu'au Bois sacré, le Boli, la statuette la plus vieille de toutes les statuettes, taillée on ne sait plus dans quel bois : jambes torses, bras noueux, nombril proéminent, oreilles pointant vers le ciel et larges

comme des calebasses. Il l'avait placé contre le
gros piquet qui soutenait le toit en chaume de son
atelier. Mais le Boli avait laissé, avant le lever du
soleil, son ombre sur le seuil de la forge.

Et tous les matins, le vieux Noumouké, avant
d'allumer le feu de sa forge, versait une calebassée de lait aigre aux pieds panards de la statuette
et la saluait longuement :

> *Boli, porte mon salut à ceux de là-bas*
> *Et témoigne que je n'ai jamais fait*
> *Que ce qu'ils ont toujours ordonné !*

Au septième jour, le vieux Noumouké venait
de forger les dabas, aidé au soufflet par le petit
Tiéni qui allait, le lendemain, entrer dans la
case des hommes, quand l'ombre de Boli se transforma en un vigoureux jeune homme, entra dans
la case et demanda du travail. Il fut vite embau-
ché. Et se mit encore plus vite au soufflet.

Et l'on n'entendit plus, venant de la forge du
vieux Noumouké comme du temps de son bel âge,
que des chants rythmant la respiration des outres
du soufflet et les battements des marteaux.

Du matin au soir, le jeune homme chantait et
ses chants redonnaient vigueur au vieux forgeron
et à ses outils :

> *Et ça tombe! ça tombe!*
> *Et pourquoi ça ne tomberait-il pas?*
> *Ça tombe!*
> *— Quoi?*
> *— Mais tout !*
> *Tout tombe!*

Les outres du soufflet soupiraient lourdement
et se regonflaient avidement.

> *Tout tombe!*
> *Où irait la feuille?*
> *Où irait le soleil?*
> *Tout tombe!*

Et les outres du soufflet interrogeaient :

> *Où?*
>   *Où?*
>   *Où?*

Et le jeune homme :

> *Tout tombe!*
>   *Tout!*
>   *Tombe!*
>
> *Où? où? où?*

demandaient les outres du soufflet.
  Et le jeune homme :

> *Mais vers la tombe!!!*

Et tous les matins, le vieux Noumouké-le-Forgeron versait sa petite callebassée de lait caillé
aux pieds de la statuette et rendait grâce aux
mânes des ancêtres :

> *Boli, porte mon salut à ceux de là-bas*
> *Et témoigne que Noumouké*
> *N'a jamais fait*
> *Que ce qu'ils ont ordonné.*

Et tout le long du jour, la forge résonnait des chants et des bavardages des marteaux, de l'enclume, des pinces et du jeune homme.

-:-

Les aïeux appelèrent enfin à eux le vieux forgeron, qui partit, précédé dans l'autre domaine, par la charge de ses bonnes actions, que ramassait chaque jour le soleil.

Et Tiéni qui, à la sortie de la case des hommes, était parti, là-bas, loin vers l'Est, voir du pays et d'autres hommes, était revenu à la forge ancestrale et avait pris les marteaux et les pinces.

Mais le feu rougissait et crépitait, crachant ses étincelles mal élevées, et les outres du soufflet ronflaient, chaque matin, au chant du jeune homme — toujours jeune quand Tiéni arrivait à la forge.

Tiéni arrivait les mains vides, prenait un marteau. Mais avant d'aplatir une plaque de fer ou de cuivre, d'étirer un fil d'or ou d'argent, Tiéni s'approchait, chaque matin, du piquet-maître et de la statuette et donnait un bon coup de marteau sur la tête de Boli :

> *Tiens Boli! Tiens!*
> *Grandes oreilles et jambes torses,*
> *Gros ventre et longs bras!*
> *Tiens Boli! Tiens!*

Il ne s'en mettait qu'avec plus d'ardeur au travail. Le plus souvent, il ne paraissait même pas devant l'enclume.

-:-

Et le jeune homme — toujours aussi jeune — satisfaisait, à lui seul, toute la clientèle. Ceux du village, ceux des autres villages et de plus loin encore. Bijoux et outils, étriers et poignards, sabres et flèches, il fabriquait tout en un clin d'œil et toujours en chantant :

> *Tout tombe!*
> *Mais tout tombe!*

Et les soufflets curieux d'interroger :

> *Où?*
> *Où?*
> *Où?*

> *— Vers la tombe!*

-:-

Pasteurs et villageois n'ont pas souvent fait bon ménage.

L'eau des puits est trop précieuse et les champs difficiles à garder, les jeux étant trop tentants pour les enfants. Et les bergers — peulhs, maures ou pourognes — sont trop malappris pour se soucier de ce que peuvent dire ou penser de simples cultivateurs, qui n'ont jamais vu plus loin que le tas d'ordures qui limite leurs cases fichées en terre et leur village qui ne bougera jamais.

Cependant à Korodougou, le village de feu le vieux Noumouké, les meneurs de troupeaux avaient été toujours bien vus, maures, pourognes et peulhs.

Il est vrai que ceux-ci y mettaient du leur et n'y venaient qu'à l'époque où il le fallait. Au moment où, la récolte faite, leurs bêtes, en champoyant, fertilisaient, pour les labours à venir, les champs au sol appauvri, Fama, le roi du pays, les tolérait donc partout et tout le monde était heureux de pouvoir, pendant une saison, remplacer le karité par du beurre de vache et pour la cuisine et pour les tresses des femmes.

-:-

Débo, la vieille poulotte, avait continué toute seule sur son bœuf porteur, Aïda, sa petite servante, trottinant derrière jusqu'au village. Elle avait laissé Mawdo, son vieil époux, sur les terres salées, où le troupeau reprenait force et vigueur. Débo était vieille, vieille ! Et Mawdo plus vieux encore pensait que, si les terres salées pouvaient, comme à ses bêtes, lui rendre force et vigueur, la vieille épouse ne serait plus seule à lui tenir compagnie ni à préparer seule le maigre repas du soir, le seul qu'ils prenaient en vrais Peulhs. *S'il n'est que de vous nourrir, une seule femme suffit.*

-:-

Débo était donc dans Korodougou sur son bœuf porteur. Elle allait au marché vendre son lait caillé et trouver un morceau de sel, de la poudre de baobab pour le couscous quand, passant devant la forge du vieux Noumouké, elle entendit les marteaux, les pinces, l'enclume et le jeune

homme — toujours jeune — chanter et les outres
du soufflet questionner :

> *Tout tombe!*
> > *Et ça tombe!*
>
> *Où?*
> > *Où?*
> > > *Où?*
>
> *Tout tombe!*
> > *Vers la tombe!*

Elle tira sur la corde qui tira sur l'anneau qui
tira sur le mufle du bœuf porteur. Elle descendit
de sa monture et tendit la corde à sa petite servante. Elle avança dans la forge.

— Entrez, bonne femme! Entrez, Grand-mère!
Ici on rend la jeunesse aux vieilles gens et aux
plus vieux encore, dit le jeune homme qui était
seul dans la forge.

La vieille Débo entra.

— Dis-tu la vérité, Forgeron? Dis-tu la vérité?

— Ne perdons pas de temps! Donne-moi l'outre de lait caillé qui pend au flanc de ton bœuf.

La petite servante décrocha l'outre de lait caillé
et la porta dans la forge.

— Que me prendras-tu pour me rajeunir puisque cela t'es possible?

— Tu me donneras le premier veau de la plus
jeune de tes génisses.

-:-

Les outres du soufflet s'emplissaient et se dé-
gonflaient toutes seules, attisant le feu.

Le jeune homme — toujours jeune — prit la vieille Débo et la mit dans le feu. Avec ses pinces, il tourna et retourna le corps, qui brûla jusqu'aux os. Il mit les os dans la calebasse de caïlcédrat qui servait à refroidir le métal rougi, or, argent, cuivre ou fer. Il y versa ensuite le lait caillé de l'outre. Il compta trois fois sept, et, de la calebasse, sortit Débo plus jeune et plus belle que le jour lointain de ses épousailles avec Mawdo, il y avait de cela elle ne savait plus combien d'années d'errance entre les vastes sables et le grand fleuve...

-:-

Quand Débo retourna aux terres salées, ni le vieux Mawdo ni les hommes mûrs ni les autres femmes ni les jeunes bergers n'en crurent leurs yeux.

— Me voici redevenue jeune et belle, dit Débo. Inutile de te dire, mon Oncle, que je ne veux pas d'un mari vieux comme toi, qui pourrait être mon arrière-grand-père ! Va, au village de Korodougou, trouver le forgeron qui m'a ainsi transformée si tu veux que je reste avec toi. Cela ne te coûtera qu'un veau à naître pas avant trois ans.

Et Mawdo s'en fut à Korodougou, accompagné des hommes mûrs, de quelques jeunes bergers, des femmes, de Débo, que suivait sa petite servante.

-:-

La forge était silencieuse; les outres du soufflet muettes, le feu éteint quand les Peulhs arrivèrent au village. Devant le seuil de l'atelier, s'étalait

l'ombre de Boli, toujours appuyé contre le piquet-
maître qui soutenait le toit de chaume.

Tiéni-le-Forgeron arriva, enfin quand le soleil
commençait à chauffer dur et dru. Mawdo ne le
laissa pas s'étonner de tout cet attroupement de
meneurs de bestiaux devant son atelier :

— Fais de moi ce que tu as fait de celle-ci, qui
est encore ma femme. Rajeunis-moi !

— Ce n'est pas lui, rectifia Débo la poulotte,
c'était un jeune homme. Son aide sans doute.

— Te rajeunir? Toi qui as plus qu'un pied
dans la tombe? s'ahurit Tiéni.

— Oui ! Rends-moi ma jeunesse et je te don-
nerai toute ma part de notre troupeau au lieu
d'un seul veau.

— Et comment pourrais-je le faire?

— Comme l'a fait ton aide, le jeune homme qui
a transformé celle-ci qui est encore ma femme.
Ce qu'a fait l'élève ne peut pas être impossible
au maître.

— Et qu'à fait l'élève?

— Il m'avait demandé le lait caillé de mon outre, dit Débo. Il m'avait saisie et jetée dans le
feu. Après, je me suis retrouvée telle que je suis,
debout dans cette calebasse de caïlcédrat.

— Moi, je sais ce qu'a fait le beau jeune
homme qui chantait tout le temps, dit Aïda la
petite servante de Débo.

— Et qu'avait-il fait? s'enquirent d'une seule
voix Mawdo le vieux Peulh, les hommes mûrs,
les jeunes bergers, les femmes, Tiéni-le-Forgeron
et même Débo.

— Avec ces pinces, dit la petite servante, il a
tourné et retourné le corps rabougri de ma vieille
maîtresse dans le feu qu'attisaient les outres du

soufflet jusqu'à ce qu'il n'y eût plus que les os
calcinés. Il a pris les os. Il les a jetés dans cette
calebasse, où il avait versé le lait caillé de l'outre
que je lui avais apportée. Il a compté trois fois
sept. Et ma maîtresse s'est levée de la calebasse,
telle que vous la voyez.

— Si ce n'est que cela, fit Tiéni, je crois pouvoir en faire autant.

Il alluma le feu. Un jeune berger se mit au
soufflet non sans avoir rechigné et reçu une
bonne calotte ; car ce n'était pas là occupation de
Peulh, même non encore adolescent. Mais quand
et où peut-il se dérober aux ordres des grands,
surtout s'agissant de rendre sa jeunesse au plus
ancien du clan ?

Cependant le feu crépitait et s'étonnait de ne
pas entendre des chants répondre aux questions
des outres du soufflet.

>   *Où?*
>   *Où?*
>   *Où?*

Tiéni avait pris les pinces et, se retournant,
avait tapé sur la tête du Boli :

>   *Tiens Boli! Tiens!*
>   *Grandes oreilles et jambes torses,*
>   *Gros ventre et longs bras!*
>   *Tiens Boli! Tiens!*

Puis il prit le vieux Mawdo et le jeta dans le
feu. Il le tourna, le retourna avec les pinces. Du
vieux corps brûlé, il ne restait que les os noircis
qu'il jeta dans la calebasse de caïlcédrat, remplie
de lait caillé, dont les bergers avaient porté deux
outres.

Tiéni-le-Forgeron compta ensuite trois fois
sept. Rien ne surgit du lait dans la calebasse de
caïlcédrat, où nageaient, sur la nappe blanche,
les os noircis, tels des bouts de charbon.

Tiéni-le-Forgeron compta encore trois fois sept,
puis trois fois trois fois sept. Toujours rien !

Le soleil se coucha. Le feu s'éteignit. Les outres du soufflet s'assoupirent. Les Peulhs, habitués à se passer d'un repas normal au contraire
des gens normaux. attendirent patiemment.

Tiéni compta trois fois sept, puis trois fois
trois fois sept. Mais, sur le lait caillé de la calebasse de caïlcédrat, surnageaient toujours les os
calcinés.

A l'aube, Débo se mit à crier et à pleurer. Les
hommes mûrs et les jeunes bergers se mirent à
grogner.

Fama, le roi du pays, qui passait avec sa suite
pour aller au Bois sacré, s'arrêta et s'enquit de la
rumeur qui sortait de la forge.

Et Débo, la poulotte, hurlant et pleurant, se
roula aux pieds du cheval du roi :

— Le forgeron a brûlé mon époux, mon cher et
tendre mari !

Et tous les Peulhs, hommes mûrs, jeunes bergers, femmes et servantes d'approuver :

— Il l'a brûlé et il a jeté les os dans la calebasse de caïlcédrat pleine de lait caillé.

— Il devait le transformer en jeune homme et
voilà ce qu'il m'a fait ! pleurnichait encore Débo.

-:-

Les hommes de Fama-le-Roi s'emparèrent de
Tiéni-le-Forgeron; le ligotèrent et prirent le sentier du Bois sacré.

Le soleil sortait de sa demeure et l'ombre du Boli quitta la statuette et redevint le jeune homme, toujours jeune.

Celui-ci compta trois fois sept au-dessus de la calebasse de caïlcédrat pleine de lait caillé, où surnageaient les os calcinés; puis sortit de la forge et courut après le cortège royal sur le sentier du Bois sacré.

S'approchant de Tiéni-le-Forgeron, ligoté comme un fagot de bois mort, le jeune homme lui demanda :

— Et où vas-tu mon maître?

— Je vais me faire couper le cou au Bois sacré! répondit Tiéni, pleurant et tremblant.

— Maltraiteras-tu encore en paroles et en actes le Boli? interrogea le jeune homme.

— Jamais plus! jamais! fit le forgeron.

Le jeune homme courut à hauteur du cheval du roi :

— Fama, dit-il, l'homme n'est pas coupable. Le Peulh est bien à la forge.

On détacha Tiéni et tout le monde — le roi et sa suite, les hommes et les femmes peulhs, les jeunes bergers et les servantes — revint à la forge, où l'on trouva Mawdo-le-vieux-Peulh jeune et beau comme à la veille de ses épousailles avec Débo.

Et, depuis Tiéni, aucun forgeron n'a jamais osé manquer de respect aux objets du culte qui abritent les ancêtres partis.

DOLF-DIOP

L'homme est fait de la sève maternelle (le *mène*) et du nom du père (le *sante*).

Quand l'un des aïeux dans l'enfant doit revenir sur terre, ils ont tous une chose à combattre : la sève maternelle. Le nom marque et la mère aussi marque. Et quand le nom et la mère vous marquent à la fois vers la même pente, vous ne pouvez échapper...

Tout woloff sait que, si tous les Diop ne sont pas des fous, *tout fou s'appelle Diop*, et que, d'autre part, tout wâlo-wâlo, tout riverain du fleuve, traîne avec soi une charge plus ou moins lourde d'innocence.

Mor-Coki Diop, le grand marabout, avait eu assez de sagesse et de science pour ne point s'arrêter à ces *bidas*, à ces croyances d'avant l'Islam. Lorsqu'un de ses meilleurs disciples du Wâlo lui avait offert, sans dot et pour ses bonnes leçons et ses excellents conseils, la dernière de ses filles comme épouse, il avait pris la femme et s'en était revenu avec elle chez lui, à N'Diobèn, que l'on n'appelait plus déjà que Keur-Mor-Coki, tant grande était la réputation du grand et vieux marabout. Et, de la jeune femme, Anta, était né le dernier des garçons, Moussa, qui naquit, fut et demeura idiot.

Le prénom de Moussa fut rapidement oublié; même avant son entrée dans la case des hommes, où Moussa, qui était le plus jeune des circoncis, le Toko, répondait le plus souvent aux passines-devinettes et apprenait le mieux les Kassaks-chants initiatiques, parce que, sans doute, ceux-ci et celles-là frappaient plus facilement son cerveau plus simple par leur incohérence apparente, que le cerveau des grands à l'esprit plus sain.

> *La terre saigne*
> *Comme saigne un sein*
> *D'où coule du lait*
> *Couleur du couchant!*

chantait Selbé-le-Récitant, et Moussa, que les femmes et les enfants n'appelaient plus, depuis longtemps, que Natakhona-l'Idiot, et les moins jeunes Dof-Diop, Diop-le-fou, Moussa répondait avant tous les autres frères-de-case et traduisait :

> *Le fleuve déborde*
> *Et voilà l'inondation*
> *Sur les terres basses*
> *Sur les terres vers la mer!*

Et, pour une fois encore dans le pays et pour la première fois dans le village et dans la demeure de Mor-Coki, les sentences ne mentaient pas, car

Moussa-Natakhona-Dof-Diop était, à la fois, un
N'Diobène-N'Diobène et un Wâlo-wâlo, donc dou-
blement innocent et parfaitement heureux dès
qu'il sortit du mauvais âge de l'enfance et des
années troubles de l'adolescence.

Anta, sa mère, était la dernière femme de
Mor-Coki et Moussa-Natakhona n'était plus que
Dof-Diop quand le vieux et grand marabout quitta ce monde pour l'autre. Les trois frères, qui
avaient déjà pris femme chacun, ne lui laissèrent,
de l'héritage paternel, qu'une génisse, en lui faisant entendre, d'ailleurs, qu'il pouvait s'estimer
heureux (et il l'était comme de tout ce qui lui
arrivait et toujours) de n'avoir pas eu tout simplement la plus vieille vache du troupeau familial. Celle-ci était morte le jour même des funérailles du vieux marabout.

Les funérailles avaient coûté assez cher aux
héritiers, comme il se devait, et les frères allaient,
presque tous les jours, vendre quelques biens aux
marchés du village et des villages environnants.
Dof-Diop voulut faire comme ses frères et aller
vendre son bien lui aussi.

Une corde au mufle de sa génisse, Dof-Diop
allait sur le chemin du marché, qui se tenait au
village voisin.

Le soleil ardait quand il s'arrêta à l'ombre
d'un tamarinier. Un tourbillon de sable et de
cendre s'était levé, que chevauchait certainement
une vieille sorcière; s'engouffrant dans l'épais
feuillage du tamarinier, le vent faisait :

F... f... f... fouk ! ! ! Ffffouk ! ! !

— *Fouk? Fouk?* (Dix? Dix?) demanda Dof-
Diop, qui comprenait que le tamarinier voulait

lui acheter sa génisse et lui proposait un prix.
Fouk? Ce n'est pas assez! ce n'est vraiment pas
assez pour une aussi belle bête. Ecoute! dit-il à
l'arbre, je te laisse ma génisse jusqu'à demain.
Réfléchis un peu. Dix ce n'est pas assez! Ma bête
vaut mieux que cela.

Et il attacha la génisse au tronc du tamarinier
et s'en revint à Keur-Mor-Coki.

Ses frères lui demandèrent ce qu'il avait fait de
l'animal.

— Je suis en pourparler et je l'ai laissé à mon
futur acheteur, expliqua Dof-Diop.

-:-

Quand il revint le lendemain au tamarinier, il
ne restait, de son bien, que la corde et la carcasse
de la génisse. Les hyènes, les chacals et les vautours étaient passés les uns dans la nuit, les
autres tout le matin durant.

— *Vaye! vaye!* comment! comment! s'indigna Dof-Diop. Tu as tué et mangé ma génisse
sans me l'avoir payée et sans même savoir combien exactement j'en voulais.

Le sabre qu'il portait et qui pendait à son flanc
gauche, comme tout voyageur sensé et prudent,
ne lui suffisant pas, Dof-Diop repartit au village
chercher une hache.

-:-

— Tu me la paieras cette génisse! Tu me la
paieras! disait-il au retour, en donnant de rudes
coups de cognée au pied du tamarinier.

Ya ko lekkône!
Ya koye fèye!
Léka n'ga ko
Tèye n'ga fèye!

(C'est toi qui l'as mangée!
C'est toi qui la paieras!
Tu l'as mangée,
Tu vas payer!)

Chantant et suant, Dof-Diop frappait à grands
coups de cognée.

Tèye n'ga fèye!
(Tu vas payer!)

Quand le tamarinier craqua et s'étendit, dans
le vaste trou de sa souche apparut un monceau
d'or, d'argent et d'ambre.

Dof-Diop, laissant hache, corde, trésor et tamarinier, s'en fut avertir ses frères de ce que déte-
nait en réalité ce mauvais payeur d'arbre, qui
lui avait mangé sa génisse et ne s'était acquitté
qu'après avoir reçu force coups de cognée.

Les frères, pourtant, habitués à le voir et à
l'entendre faire et dire exactement ce qu'il ne
fallait faire ni dire au moment où il ne fallait
pas, ne comprirent d'abord rien à ce qu'il leur
racontait :

— Oui, s'expliqua-t-il, j'étais en pourparlers
avec le tamarinier qui marchandait ma génisse
et m'avait offert *Dix* pour ma bête. Il n'avait
pas attendu la réponse que je devais lui donner
aujourd'hui et il avait tué, cette nuit, et mangé la
génisse que vous m'aviez donnée et dont il ne

restait plus que des os récurés à blanc. En lui
coupant les pieds, j'ai trouvé, dans son tronc,
tout le prix qu'il m'avait offert. Il m'avait bien
proposé *Dix,* mais n'avait pas précisé exactement dix quoi et je n'avais non plus compté
combien de fois il m'avait proposé *Fouk!*

Les frères le suivirent jusqu'au pied du tamarinier, jusqu'à l'immense trésor qu'enfermait le
pied du tamarinier.

Ils s'en étaient revenus à la nuit tombée avec
tout cet or, tout cet argent et toutes ces boules
d'ambre. Ils avaient essayé vainement de cacher
cette fortune à l'insu de Dof-Diop, qui les sur-
prit transformant la fosse d'aisance en cachette.

-:-

Bour-le-Roi n'était pas un fanatique. Il n'était
même pas, à vrai dire, un croyant, comme tout
roi qui se respecte. Mais Serigne Mor-Coki-Diop
avait été très influent, et réputé en science et
sagesse; sa famille, par les femmes, touchait de
si près au trône que Bour-le-Roi, même sans y
être poussé par les notables, ne pouvait pas ne pas
venir à Keur-Mor-Coki, présenter ses condoléances aux fils, aux femmes de Serigne Mor-
Coki-Diop et aux femmes des fils de Serigne Mor-
Coki-Diop.

Sauf pour aller à la guerre, Bour-le-Roi ne se
déplaçait jamais sans être accompagné par Narr,
son Maure, que l'émir de l'Adrar lui avait envoyé
en gage de paix avec les gens du Nord. Mais le
séjour trop prolongé de celui-ci en pays noir avait
altéré sa santé et Narr avait été obligé de remon-
ter de l'autre côté du fleuve pour faire sa cure de

dattes et de lait de chamelle, sa *guetna*. Et Narr
n'était pas de la suite du roi qui venait à Keur-
Mor-Coki, présenter ses condoléances. Il devait
rejoindre Bour et sa suite quelque part vers
l'ouest.

Tout le monde à l'envi vantait les mérites certains du mort. Et Bour, comme sa suite, s'était
étonné de tout ce qui avait été abattu comme
bêtes à cornes et du nombre des calebasses de
couscous qui avaient été servies en son honneur
et à la mémoire du vénérable défunt.

Bour prit, enfin, congé au bout de trois jours,
avec promesse de repasser dans sept jours, ayant
à aller, plus loin, vers l'ouest, se présenter à ses
sujets qui ne l'avaient pas vu depuis bien longtemps.

Narr-le-Maure était redescendu des sables du
Nord, de l'autre côté du fleuve, et avait suivi les
traces du Roi, et il passait pour la première fois
par Keur-Mor. Il y avait été reçu et aussi bien
traité que le roi, que la suite du roi et mieux que
chez le roi, se disait-il. Il s'était étonné, lui aussi,
de la générosité des fils de feu Mor-Coki. Il se
demandait si l'héritage d'un marabout, même
d'un grand marabout, pouvait couvrir les frais de
telles agapes.

— Mais ce n'est pas ce qu'a laissé notre père
qui nous permet de traiter aussi largement Bour-
le-Roi, sa suite et toi, son Maure, lui expliqua
Dof-Diop. C'est le trésor que j'ai trouvé dans le
tronc du tamarinier qui me devait ma génisse.

Bira, le cadet des fils de feu Mor-Coki, qui
n'avait pas quitté un seul instant Narr-le-Maure,
qui ne quittait pas d'un pas Dof-Diop-le-Fou,
avait entendu. Il s'en fut trouver ses frères :

— Il nous faut tuer Narr-le-Maure, sans quoi Bour-le-Roi saura ce qui nous est arrivé et nous fera couper le cou à tous pour prendre le trésor que nous avons chez nous.

Et Bouba, l'aîné, de s'inquiéter :

— Bien beau de tuer Narr-le-Maure, mais comment se débarrasser ensuite de son cadavre et où cacher le trésor?

Baba, le troisième frère, conseilla :

— Nous mettrons le cadavre de Narr à la place du trésor, dans la fosse d'aisance, et vous me laisserez faire.

Ainsi fut dit, ainsi fut fait.

Mais Dof-Diop, voyant que ses frères tuaient Narr-le-Maure se mit à crier :

— Vous avez tué Narr-le-Maure de Bour! Vous avez tué Narr-le-Maure.

Et il s'en fut, vers le couchant, prévenir le Roi et sa suite du meurtre de Narr.

— Narr, mon Maure, tué par tes frères? s'étonna Bour. Mais Narr n'est jamais passé par votre pays!

— Si! si! si! insista Dof-Diop. Mes frères l'ont tué et l'ont mis dans le trou qui contenait le trésor que m'avait offert le tamarinier comme prix de ma génisse que je lui avais vendue.

— Comment est-il donc, Narr, mon Maure, puisque tu l'as vu?

— Il est blanc et il a une barbe, expliqua Dof-Diop.

Bouba, l'aîné des fils de feu Mor-Coki, avait assez vécu avec son demi-frère l'Idiot, il avait assez essayé d'en faire un enfant normal sinon un homme sensé. Il connaissait donc assez Dof-Diop pour deviner que celui-ci, enfui du village

après le meurtre du Maure, allait raconter à
Bour tout ce qui s'était passé après son départ.

— Allez me chercher le plus gros bouc du troupeau, le bouc blanc, ordonna-t-il à ses frères.

Quand les frères revinrent avec le bouc, ils le
tuèrent, le mirent à la place du trésor, enterrèrent
le cadavre de Narr-le-Maure bien loin du village,
et le trésor fut enfoui plus loin encore.

-:-

Et Bour revint sur les pas de son cheval, avec
sa suite, et Dof-Diop devant tout le cortège.

Les salutations ne furent pas aussi longues
qu'à la première visite du Roi, ni les manifes-
tations de respect aussi fournies; Bour ne laissa
pas le temps aux fils de feu Mor-Coki de s'in-
cliner à ses pieds. Il appela M'Bagnick-le-Griot :

— M'Bagnick, demande, aux fils de Mor-
Coki, ce qu'ils ont fait de Narr, mon Maure.

Et M'Bagnick-le-Griot s'enquit de ce qu'il était
advenu de Narr, le Maure du roi.

— Mais, Bour, nous n'avons pas vu de Maure
dans le pays! firent ensemble Bouba, Baba et
Bira. Il n'est jamais venu dans ce village!

— M'Bagnick, fit le roi en courroux, va
avec mes gens et qu'un de ces trois me sorte ce
qu'il y a dans la fosse d'aisance, sans quoi ils
appartiendront sans délai, à Tann-le-Charognard!

M'Bagnick-le-Griot et des gens du Roi suivirent Bouba, l'aîné des enfants de feu Mor-Coki,
muni d'un hoyau.

Et Bouba creusa et descendit dans la fosse.

Et M'Bagnick et les gens du roi l'entendirent
qui questionnait du fond de la fosse :

— Comment est-il, Narr, le Maure du Bour?

— Comment est-il? s'étonnèrent M'Bagnick-
le-Griot et les gens du roi.

— Oui, de quelle couleur est-il? Blanc, rouge
ou noir? interrogea Bouba, l'aîné, du fond de la
fosse.

— Quelle question! fit M'Bagnick, le griot du
roi. Mais il est blanc comme tous les vrais
Maures, comme tout Maure pur.

— Est-ce qu'il a une barbe, Narr, le Maure du
roi? s'informa encore Bouba.

— Bien sûr qu'il a une barbe renseigna
M'Bagnick-le-Griot, qu'approuvèrent les gens du
roi.

— Alors c'est bien lui qui est ici au fond de la
fosse, reconnut Bouba. Tenez, le voilà!

Et, soufflant et suant, il hissa, tendit à M'Bagnick-le-Griot et aux gens du roi, le gros bouc
blanc et barbu comme tout bon bouc qui se respecte.

-:-

Et Bour-le-Roi, son griot et sa suite quittèrent
Keur-Mor-Coki sans même jeter un seul regard
sur Dof-Diop, le dernier fils de feu le marabout
Serigne Mor-Coki-Diop, sur l'Idiot.

KHARY-GAYE

*Tout ce que dit le petit Maure, il l'a appris
sous la tente.*

Si les voisins, les étrangers, les compagnes, les
compagnons, les amis de jeux, jusqu'à la case
des hommes dressent les jeunes, il n'est que les
parents qui puissent les élever, les éduquer quand
ils ne sont encore sortis ni du giron ni de la maison ni du village. Mais, si l'enfant ne sort pas, le
monde vient à lui, le monde vient au village, le
monde vient à la maison. Seulement le monde
n'apprend à l'enfant que le monde et ne lui en-
seigne que ce qu'il ne sait pas. C'est la maison
qui éduque : *Yarr Fja Keur,* dit-on. Allez deviner ce que le mot d'un enfant peut provoquer de
fâcheries, de brouilles, de malentendus, entre
grandes personnes et entre familles et même entre membres d'une même famille. Mais l'esprit
se trompe rarement si le cœur (par trop d'indulgence) ne l'a pas laissé trop souvent flâner en

chemin... Et l'enfant bien éduqué n'a pas souvent besoin qu'on lui parle pour comprendre et agir ainsi que le désirent père et mère. Et l'on doit retrouver, dès la tendre enfance, le père chez le fils et la mère en sa fille...

Mais !... Pourtant...

Mais les charges, les obligations, les servitudes et même les honneurs, tout ce que votre naissance et votre rang vous dictent et vous imposent parfois s'estompent devant les réalités quotidiennes, les contraintes matérielles...

Il est des moments où charité bien ordonnée ne commence plus par les autres et où, avant de soigner, il faut se guérir.

Ce qui importe, alors, c'est la manière, non pas de se soustraire à ses devoirs, à ses obligations, mais de ne pas les connaître, d'ignorer qu'ils sont à l'heure et à l'endroit où ils sont, parce qu'eux aussi, devoirs et obligations, n'avaient pas à y être, n'avaient pas à venir s'imposer à vous en ces lieux et en ces moments.

Car tout agonisant se débat ! *Kou beug dê wékou !*

La disette était pour tout le monde et pour tout le pays. Les greniers étaient vides depuis des lunes et les hommes étaient partis, depuis longtemps, vers d'autres pays plus favorisés sans doute, là-bas, au Pinkou, vers l'est, à la recherche ne serait-ce que d'une charge de mil, de riz ou de maïs.

Et Samba avait attendu la nuit froide pour revenir au village et rentrer dans sa maison, avec deux outres de riz de montagne sur son âne efflanqué. Koumba, sa femme, s'était levée à l'aube pour aller cueillir des feuilles d'oseille, qui vivotaient encore au milieu du champ où n'avaient voulu pousser ni arachides ni mil ni maïs ni haricots en cette année de malheur...

Décidez de disposer de votre temps et dites-vous que tel jour vous appartient, ou que vous en ferez, toute une heure durant, que ce que vous aurez résolu de faire, et vous verrez souvent, plus souvent que vous ne le voudriez, ce que les autres feront de ce que vous aviez décidé...

C'est ainsi que Koumba de bon matin, dans sa cuisine avec sa fille Khary, commençait d'accompagner le riz de montagne apporté par Samba avec les maigres feuilles d'oseille cueillies au champ, quand tout un groupe d'amis et de griottes s'annoncèrent à l'entrée de la maison, avec force cris et battements de mains. Car l'âne de Samba avait commencé de bon matin, lui aussi, à braire. Il était le seul des ânes à être revenu...

Et Koumba laissa Khary dans la cuisine, dont elle ferma la porte.

Et, dans sa case, la conversation, les potins, les rires marchèrent à langues que voulez-vous. Toutes et chacune avaient quelque chose à raconter, quelque conseil à donner. Et deux amies profitaient de ce que la conversation languissait un instant pour se faire refaire leur coiffure par leurs griottes. Une autre demanda une aiguille pour rajuster la broderie de sa camisole.

Enfin bref! Le temps passait et Koumba, en bonne hôtesse, consciente de ses devoirs, ne pouvait quitter un seul instant ses visiteuses.

Pourtant chacun doit savoir que tout a une limite, même l'hospitalité. Donner tout et rester nu, c'est plus que de l'imprudence, c'est de

l'imprévoyance. Et puis, avant de soigner, il faut
guérir...

Et les heures passaient.

Et les amies de Koumba, les griottes parlaient
dans la case de Koumba.

Et Khary, la fille, tournait et retournait le
riz à l'oseille dans la marmite.

Et Samba qui, à l'ombre de l'arbre-à-palabres,
avait aperçu les amies de sa femme et les
griottes entrer dans sa demeure et n'en avait pas
vu ressortir une seule, continuait à deviser avec
les vieux du village, à qui il racontait son infruc-
tueux voyage là-bas, vers l'est et ne rentrait
pas chez lui.

Et la petite Khary, dans la cuisine, s'inquiétait
car le riz était cuit depuis longtemps, et elle ne
savait que faire...

Et les heures passaient.

Et les amies de Koumba, les griottes, parlaient dans la case de Koumba.

Et Khary, la fille, diminua la braise au-
dessous de la marmite où le riz à l'oseille continuait à cuire.

-:-

Tout à une limite, certes, sauf le devoir qu'en-
traîne, avec soi, tout le souci-du-qu'en-dira-t-on,
le *sikk*. Et il n'arrivera jamais à une maîtresse
de maison de laisser entendre, à une joyeuse
compagnie qui lui fait visite, que cette visite est
inopportune et, encore pis, qu'elle est insistante
et trop longue.

Et les heures passaient !

Et les amies de Koumba et les griottes parlaient toujours dans la case de Koumba !...

Et Khary, la fille de Koumba, sortit de la cuisine et, tout en larmes, entra dans la case de sa mère où les amies de Koumba et les griottes parlaient toujours.

Les larmes d'une enfant pèsent trop lourd, surtout aux yeux de toutes ces femmes qui étaient toutes, ou presque toutes, mères de famille, elles aussi. Et chacune de s'étonner, de s'apitoyer :

— *Vaye! Kary! Vaye! Vaye! lane lâ?*

— (*Quoi! Khary! Quoi! Quoi! Qu'y a-t-il?*)

Et Khary, pleurant de plus belle :

— Mère! Mère! j'ai entendu, ce matin, au puits, des paroles qui m'ont touchée et m'ont fait bien du mal jusqu'au plus profond de mon cœur!

— Qu'as-tu entendu qui te mette dans cet état? s'inquiéta Koumba, la mère. Dis-le-moi vite mon enfant!

— Mère! J'ai entendu la *mère-marmite-bout* qui prétendait qu'elle est plus âgée que toi!

— Oh! la grande menteuse! s'indigna Koumba. Elle a osé déclarer ça au puits? Va lui demander donc, à cette petite prétentieuse, où, en l'année du *yéka deup* (servir et couvrir), elle pouvait bien se trouver, l'insolente!

Et Khary s'en retourna, rassérénée, à la cuisine, larmes taries. Sa mère n'avait pas eu besoin de lui en dire davantage.

Samba, Koumba — tout fiers de voir que les leçons n'avaient pas été perdues pour la toute petite fille — et Khary mangèrent seuls le riz à l'oseille, car les amies de Koumba et les griottes, lasses de parler et de crier dans la case de Koumba, alors que le soleil se penchait vers la mer, avaient fini par s'en aller.

-:-

Le temps passait...

Et de meilleurs jours étaient venus. Le temps était redevenu clément et la terre généreuse. L'aisance était rentrée dans presque toutes les demeures, entre autres dans celle de Samba.

La petite Khary, Khary-la-Sage, grandissait encore en sagesse et embellissait chaque jour davantage, et sa mère, Koumba, la parait de ses plus beaux bijoux.

-:-

Le bonheur n'a pas besoin de s'étaler, ni de courir les sentiers pour attirer sur soi ses deux grands ennemis, l'œil et la langue, Bett et Tjatt. Ceux-ci savent toujours où le dénicher et lui porter leurs coups les plus mortels au flanc. Plus l'œil admire, et plus la langue flatte et vante, plus le bonheur se fait vulnérable à leur venin et s'affaiblit, s'il ne tombe pas brusquement comme le beau fruit mûr, convoité ardemment du haut de l'arbre.

Et c'est ainsi que Koumba, la mère de Khary, se coucha un soir et ne se releva plus. Et Khary-la-Sage, la belle petite Khary devint orpheline

-:-

L'amour filial et les bons soins d'une enfant, l'entretien parfait du ménage ne suffisent pas à un veuf dans l'âge mûr. Samba, le père de Khary, se vit dans l'obligation de reprendre une femme pour remplacer Koumba, la morte.

Et, pour Khary, commencèrent des lunes et jours différents de ceux qu'elle avait vécus jusque-là. Sa marâtre, Penda, en effet était jeune encore et était jalouse de Khary, jalouse de sa beauté, jalouse de son intelligence et de sa sagesse, jalouse de toute l'affection que Samba, son époux portait à l'orpheline. Si défense ne lui en avait été faite par son époux, Penda n'aurait pas résisté à l'envie qui la brûlait, du soir au matin, et du matin au soir, de battre la petite fille. Surtout les jours où Khary, pour s'amuser, mettait les bijoux que sa mère Koumba avait laissés et que Samba son père lui avait gardés, pour elle toute seule.

-:-

Un jour, au crépuscule Samba n'était pas rentré de la chasse, Khary s'était parée des bijoux de Koumba la morte. Penda, la marâtre, sortit de sa case et ordonna à la petite fille :

— Prends cette calebasse et va me chercher de l'eau.

La calebasse était immense et plus que lourde, car elle était faite dans le bois d'un vieux caïlcédrat.

Khary s'était levée de son petit tabouret et commençait à enlever sa parure.

— Inutile d'enlever ces beaux bijoux qui te vont si bien, tu iras ainsi au puits, intima la marâtre.

Et Khary, l'orpheline, s'en fut au puits. Elle tira de l'eau, puis essaya vainement, à plusieurs reprises, de soulever la grande calebasse pleine d'eau. Puis elle se mit à chanter en pleurant :

> *Voye vôlô! voye vôlou!*
> *Qui me chargera? O! qui me chargera?*
> *Voye vôlô! voye vôlou!*

> *O! à l'aide! O! à l'aide!*
> *Kou mâ yéné? Kou mâ yéné?*
> *Voye vôlô! voye vôlou!*

Et, d'un trou humide de la margelle du puits, sortit M'Bott-le-Crapaud, qui s'avança top! clop! et déclara :

> *Mâ fi né!*
> *Té kou mâ yéné*
> *N'ga yôle ma!*

> *Je suis le seul ici!*
> *Et quand je charge*
> *L'on me paie!*

— Sauve-toi vite, minable, avec ta large bouche, fit dédaigneusement la petite Khary, tu ne peux même pas soulever une plume de poulet. Et elle se remit à implorer :

> *Voye vôlô! voye vôlou!*
> *Qui me chargera? Kou mâ yéné?*
> *O à l'aide! Voye vôlou!*

Bagg-le-Lézard arriva en courant, brrr... br... souleva et rabaissa la tête, gonfla sa gorge écailleuse et affirma :

> *Je suis le seul ici!*
> *Et quand je charge*
> *L'on me paie!*

Va-t'en loin d'ici, avec ton gros cou et ton
ventre flasque, lui dit Khary-l'Orpheline, qui se
remit à pleurer et à chanter.

> *Voye vôlô! ô! à l'aide!*
> *Kou mâ yéné? Qui me chargera?*
> *Voye vôlô! ô! à l'aide!*

Puis vint Mère M'Bonatt-la Tortue sur ses jambes raides, étirant son cou le plus qu'elle pouvait. Elle dit doucement à Khary-l'Orpheline :

> *Mâ fi né!*
> *Té kou mâ yénê*
> *N'ga yôle ma!*

— Eloigne-toi, lui conseilla Khary-l'Orpheline, tu risques de retomber sur le dos en essayant
de soulever cette calebasse trop lourde.

Et la nuit était tombée et Khary-l'Orpheline
chantait toujours :

> *Voye vôlô! voye vôlou!*
> *Qui me chargera? O! qui me chargera?*
> *O! à l'aide! O! à l'aide!*

Soudain, devant elle, se dressa un immense
python, qui avait soulevé la lourde calebasse en
caïlcédrat pleine d'eau et la portait sur sa tête :

> *Je suis le seul ici!*
> *Et quand je charge*
> *L'on me paie*

dit-il.

Et il posa la calebasse sur le rouleau de chiffon que Khary-l'Orpheline portait sur sa tête.

— Que veux-tu pour ta paie? s'informa la petite fille, qui ne sentait pas le poids de la calebasse de caïlcédrat devenue moins lourde, beaucoup moins lourde que lorsqu'elle était vide. La calebasse pesait juste pour que son cou, qu'entouraient les colliers d'or et d'ambre, pour que son cou fût tout droit, tout gracieux sous la charge.

Le python répondit :

— Rentre chez toi. Je te dirai ce que je veux comme prix quand tu seras plus grande. Je reviendrai et je t'appellerai.

Et le python s'en fut dans la nuit noire.

Khary-l'Orpheline rentra chez elle, où Penda-la-Marâtre l'accueillit avec des cris, lui reprocha le temps qu'elle avait mis pour aller au puits et rapporter l'eau. Elle alla jusqu'à la menacer de la battre, car Samba n'était pas encore rentré de la chasse.

Et Samba ne rentra jamais plus. L'on ne retrouva, dans la brousse, que ses os quand les hommes du village se mirent le lendemain à sa recherche, des os que les fourmis, après le passage des lions, des hyènes, des vautours, avaient récurés à blanc dans l'espace de la nuit et la durée du matin...

Tous les soins du ménage, toutes les dures corvées furent désormais pour la pauvre orpheline, à qui Penda-la-Marâtre n'accordait plus un seul instant de répit ni de repos, ni le matin ni le soir, ni de jour ni de nuit. Elle lui avait pris tous les bijoux que sa mère Koumba-la-Morte lui avait laissés.

Le temps passait, et Khary-Gaye-l'Orpheline, au grand courroux de sa marâtre, devenait chaque jour plus belle et, ses malheurs aidant, elle augmentait chaque jour sa sagesse et son intelligence. Elle se rappelait, souvent, les leçons de sa tendre mère morte, qu'elle croyait n'avoir pas écoutées quand Koumba les lui donnait.

Elle allait au puits avec ses amies, les jeunes filles de son âge. Elle y allait aussi hélas ! très souvent seule, à toutes les heures du jour et parfois la nuit, selon l'humeur de Penda-la-Marâtre.

Et toutes les amies commençaient à parler, chacune, du jeune homme, qui l'avait regardée le plus longuement, qui passait le plus souvent devant sa demeure, qui travaillait le plus vaillamment au champ familial quand c'était le tour de ses parents de recevoir l'aide des jeunes gens du village et des autres villages, pour les labours.

Et le temps passait...

Les jeunes filles étaient, ce jour-là, au puits, parlant, chacune, du jeune homme qui l'avait remarquée.

— Et toi Khary, qui t'a choisie demandèrent perfidement, sous leur gentillesse, quelques amies.

— Et qui voulez-vous qui me choisisse, moi le souillon, sans père ni mère. M'Bott-le-crapaud ni Bagg-le-Lézard, ni même Djann-le-Serpent ne voudraient de moi !

A peine Khary-l'Orpheline avait-elle achevé de parler qu'un immense python se dressa au milieu du cercle que formaient les jeunes filles. Elles s'enfuirent terrifiées, en brisant les calebasses pleines et les calebasses vides, sauf celle de Khary-l'Orpheline, qui était faite en bois de caïl-

cédrat. Elles rentrèrent au village et s'enfer-
mèrent tremblantes, dans les cases, tandis que,
de loin, du puits, parvenait un appel, un chant :

> *Khary Gaye*
> *Tjakh fî, tjakh fâ!*
> *Lambourdé bé batam fèss!*
> *Kou ma ghissal Khary Gaye?*
> *Môye sama yôle!*

> *(Khary Gaye*
> *Colliers ici, colliers là!*
> *De l'ambre plein le cou!*
> *Qui a vu pour moi Khary Gaye?*
> *C'est elle mon salaire!)*

Le chant retentit jusqu'au cœur du village, où
tout le monde, grands et petits, hommes et
femmes, se terrait.

Et le chant emplissait le feuillage des arbres
du village et les toits des cases, et tout le monde
croyait qu'il montait juste du sol des cases et
des pointes des clôtures des maisons.

> Khary Gaye!
> *Tjakh fî, colliers là!*
> *De l'ambre plein le cou*

Penda-la-Marâtre, dans un rire sonore, ayant
maîtrisé sa peur, dit à Khary-l'Orpheline :
— Mais c'est bien toi que l'on appelle, ma
pauvre fille.

> *Qui a vu pour moi Khary Gaye ?*
> *C'est elle mon salaire !*

— Va, reprit la marâtre, va répondre; et, mettant la jeune fille à la porte de la case, elle la chassa de la maison.

Et Khary-l'Orpheline s'en fut vers le puits, d'où venait toujours l'appel, le chant :

> *Khary Gaye!*
> *Colliers ici, colliers là!*
> *De l'ambre plein le cou!*
> *Qui a vu pour moi Khary Gaye?*
> *C'est elle mon salaire!*

Elle sortit du village. Elle aperçut, au milieu des débris de calebasses et buvant dans sa calebasse en caïlcédrat, un grand cheval tout blanc, harnaché de soie et d'or. Un jeune homme plus beau que le jour, grand et fort, la taille aussi fine qu'un tambour maure, richement vêtu, tenait la bride du cheval et chantait d'une voix jamais entendue de mémoire d'homme :

> *Kou ma ghissal Khary Gaye?*
> *Môye Sama yôle!*
> *Qui a vu pour moi Khary Gaye?*

Khary-Gaye-l'Orpheline s'avança jusqu'au puits, jusqu'au beau jeune homme qui tenait le grand cheval blanc. Le jeune homme lui dit alors :

— Je t'avais aidée à porter ta lourde calebasse sur la tête, je viens chercher mon dû. Tu as dit, tout à l'heure, à tes amies, que personne ne voudrait de toi comme épouse, veux-tu de moi pour mari? Tu seras mon salaire! Je suis le Prince du Grand Fleuve qui est tout là-bas.

Et il emporta, sur son grand cheval blanc,
Khary-l'Orpheline, il l'emporta tout là-bas au
plus profond des eaux du Grand Fleuve.

-:-

Au plus profond des eaux du Grand Fleuve,
Khary Gaye vécut tous les rêves et tout le bonheur que son enfance sage n'aurait jamais osé
imaginer. Elle eut, du Prince du Grand Fleuve,
deux enfants, un garçon et une fille.

Et le temps passait...

Le Prince du Grand Fleuve était toujours
heureux, bon et généreux. Comme leur père, les
enfants, qui grandissaient, étaient heureux aussi.
Mais leur mère l'était de moins en moins, tant
sommes-nous tous ainsi, nous enfants d'Adama
N'Diaye, que même l'absence de soucis peut
finir par nous peser.

Le Prince du Grand Fleuve finit par s'aper-
cevoir que sa tendre épouse n'était plus aussi
vive, ni aussi heureuse qu'avant :

— Qu'as-tu donc, femme, qui te rend si mo-
rose lorsque tu es toute seule ? lui demanda son
mari.

— Je voudrais, ô mon bon, mon généreux
époux, retourner ne serait-ce qu'un temps dans
mon pays et montrer à nos enfants, le village
où je suis née, où j'ai vécu à l'heureux âge,
moi aussi, des jours heureux que les mauvais
jours qui les ont suivis n'avaient fait que rendre
plus précieux à ma mémoire d'enfant et d'adoles-
cente. Je voudrais aussi montrer, à ma méchante
marâtre, si elle vit encore (ce que je souhaite),

tout ce que tu m'as donné, tout ce que tu as fait
de moi, Khary Gaye, la pauvre orpheline.

— C'est entendu, femme! accorda le Prince du
Grand Fleuve. Va avec les enfants revoir ton
village, tes amies et ta méchante marâtre (qui
vit encore), mais ne dites jamais à personne, là-
bas, ni toi ni ton fils ni ta fille, ce que vous faites,
ni avec qui vous vivez ni où vous avez vécu.

Et les remontant jusqu'à la berge de sable fin,
le Prince du Grand Fleuve leur dit :

— Dans sept jours vous reviendrez et, Khary,
tu diras trois fois :

> *Ferr gou dogg!*
> *Ferr gou dogg!*
> *Ferr gou dogg!*
> *(Ceinture rompue!)*

je viendrai vous prendre.

-:-

Khary et ses enfants s'en allèrent vers le village. Arrivés au puits, elle leur montra une
immense calebasse à moitié enfoncée en terre
contre la margelle du puits; une immense calebasse en caïlcédrat, qui servait d'abreuvoir aux
ânes, aux moutons et aux chèvres du village.
C'était la calebasse avec laquelle elle venait chercher de l'eau sur les ordres de Penda, sa marâtre.
Personne n'avait pu la rapporter au village depuis que le grand cheval blanc du Prince du
Grand Fleuve y avait bu.

Quand Penda-la-Marâtre, plus vieille et ridée
que l'écorce d'un tamarinier, aperçut la jeune

femme, plus belle qu'elle ne le fut jamais, elle
tomba à la renverse, paralysée, et demeura sans
voix jusqu'à la fin de ses jours.

Ses amies, toutes mariées, vinrent et voulurent toutes savoir ce qui était arrivé à Khary
Gaye depuis le jour où un immense python était
apparu au puits, où une voix chantait :

> *Khary gaye !*
> *Tjakh fî, Tjakh fâ !*
> *Lambourdé bé batam fess !*

Elles s'extasiaient sur les colliers et les boules
d'ambre, qui étaient encore plus beaux et plus
grosses que ceux et celles que Koumba-la-Morte
avait laissés à sa fille.

Mais Khary Gaye, éludant leurs questions, ne
cessait, au contraire, d'en poser sans arrêt aux
unes et aux autres sur les morts, sur les vieux,
sur les maris, sur les naissances depuis son départ
du village. Elle ne satisfit pas la grande curiosité
qui les dévorait.

Quelques-unes, alors, accaparèrent les enfants,
qu'elles gâtèrent et cajolèrent. A leurs demandes, à toutes leurs demandes, le fils répondait
toujours et simplement :

— *Kham !* (Je ne sais pas !) Car il avait déjà
appris, de son père, que *Kham !* (je ne sais pas)
n'avait jamais fait couper le cou à personne, ni
mené quiconque dans une geôle.

Mais sa sœur ne put tenir plus longtemps que
le sixième jour sa langue. Elle raconta tout ce
qu'elle savait — ce qui était déjà beaucoup —
aux amies de sa mère, qui, bien entendu, ne pu-

rent tenir leur langue non plus, dès qu'elles furent dans la couche de leurs époux.

Ceux-ci s'en allèrent, le lendemain, au bord du Grand Fleuve et l'un d'eux chanta les mots du Prince du Grand Fleuve.

Ferr gou dogg!

qui attirèrent le python hors des grandes eaux au moment où sa famille était accourue. Et les hommes du village frappèrent à mort le python qui s'était transformé en Prince du Grand Fleuve et qui, avant de mourir, dit à Khary Gaye :

— Femme, j'ai été heureux avec toi. Je suis heureux aussi de ne pas mourir par ta faute. Mais tu n'as pas su élever ta fille, comme ta mère t'avait élevée. Ton cœur, par indulgence, a laissé souvent son esprit flâner en chemin. Deviens une tourterelle gracieuse, mais faible, et tu chanteras, toute ta vie, en haut des arbres et sur les toits des cases.

Ferr gou dogg!
Keur gou tass!

Et, à sa fille, le Prince du Grand Fleuve, mourant, dit :

— Toi qui n'as pas su, ni pu tenir ta langue au moindre choc, tu ne pourras jamais plus retenir tes larmes, car tu seras, dès maintenant, une euphorbe et tu pleureras toute ta vie, dès qu'on te touchera.

Et, à son fils, dans un souffle, le Prince du Grand Fleuve conseilla :

— Plonge, mon fils, et reste toute ta vie au fond des grandes eaux.

Et le fils plongea à jamais dans le domaine des eaux.

Et les tourterelles en haut des arbres, et sur les toits des cases chantent toujours :

> *Ferr gou dogg !*
> *(Ceinture rompue !)*
> *Keur gou tass !*
> *(Demeure ruinée !)*
>
> *Ferr gou dogg !*
> *Keur gou tass !*

Et les euphorbes, dans la brousse et dans les haies des champs, pleurent toujours au moindre heurt.

DJABOU N'DAW

Le soleil rentré dans sa demeure, tout le pays était endormi sinon mort, et personne n'avait pu sortir du village, et nul n'osait y entrer après les dernières lueurs du jour.

Plus de tam-tam sur la grand-place et plus de luttes de jeunes gens, même aux nuits de clair de lune.

Sauf quelques ronflements sourds de calebasses renversées, et les chants plus assourdis encore, des jeunes filles au fond des cours.

La nuit venue, le village était mort sinon endormi. Car *Gharr-le-Dragon*, dont les plus vieux avaient entendu parler par les pères de leurs pères, était revenu...

Et chaque nuit, Gharr tournait longtemps autour du village. Et aux nuits sans lune, des lueurs rouges, qui incendiaient le ciel noir, indiquaient son passage à ceux qui osaient jeter un œil craintif entre les fentes des clôtures en chaume.

Son long et lugubre cri faisait rentrer sous

terre tous les bruits traînant encore au village :
caquet des femmes et roulements sourds des
tam-tams, voix graves des anciens et cris perçants
des enfants !

Tout se taisait, tout se terrait quand l'horizon,
à l'ouest, rougeoyait à nouveau après le crépuscule, et que s'entendait le long sifflement de
Gharr-le-Dragon.

Et voici qu'un jour, au crépuscule, dans la
demeure du vieux Bara, l'on chercha dans tous les
endroits, au fond de toutes les cases, le dernier-
né des enfants, Djabou N'Daw, sans le trouver.
Le père et les frères, tremblants, car l'horizon
s'enflammait de la lueur rouge de Gharr-le-Dragon, allèrent dans les demeures voisines pour quérir Djabou N'Daw; mais Djabou N'Daw n'était
dans aucune des maisons des voisins. Djabou
était sur le tas d'ordures à l'entrée du village. Et
sa mère, qui, plus d'une fois au crépuscule, avait
été chercher son fils au pied du tamarinier où
personne ne s'arrêtait jamais, et dont personne
n'osait toucher les gousses sacrées, sa mère, en
pensant que cet enfant ne devait pas être comme
les autres enfants s'inquiétait plus que tout le
monde.

-:-

Et Djabou N'Daw était juché sur le tas d'ordures, à l'entrée du village, que commençaient à
éclairer, après les derniers rayons du soleil, les
lueurs rouges jetées par les naseaux, la gueule
et les yeux de Gharr-le-Dragon.

Tout le village trembla au premier hurlement
de Gharr :

— Heuh — h h h h ! ! !

Djabou se redressa sur ses frêles jambes et regarda, de ses gros yeux, Gharr s'approcher dans un tourbillon de feu et de flammes.

Et ceux du village entendirent, tremblants, la voix de Gharr, qui s'approchait toujours.

Et Djabou N'Daw, debout sur le tas d'ordures, demanda au Gharr :

— Qu'y a-t-il?

> *Djabou N'Daw*
> *Tokk Tja nèg ba!*
> *Djabou N'Daw!*

> *(Djabou N'Daw*
> *File à la case!*
> *Djabou N'Daw!)*

Mais le petit Djabou N'Daw ne répondit au Dragon que par un éclat de rire, un immense éclat de rire parti du gros nombril qui pointait de son gros ventre.

Et Gharr-le-Dragon de lui expliquer :

> *Djabou N'Daw*
> *Makk sa*
> *Mamou Mamathi là wone!*
> *Djabou N'Daw*

> *(Djabou N'Daw!*
> *Ce fut avec*
> *Ton arrière-arrière-grand-père!*
> *Djabou N'Daw!)*

Et Djabou N'Daw d'affirmer :

Mâye sama mamou mamath!
(Je suis mon arrière-arrière-grand-père!)

— Assez! fit Gharr-le-Dragon.

Djabou N'Daw
Tokk tja keur ga!
Djabou N'Daw!

(Djabou N'Daw!
File à la maison!
Djabou N'Daw!)

Alors Djabou N'Daw, sautant sur le tas d'ordures, se tourna vers le village et chanta d'une voix haute et plus forte que la voix de Gharr-le-Dragon, qui terrifiait bêtes et gens au village :

Yâye ô! Bôye ô!
Dègall li Gharr ghi wakhe!
(O! Mère! O! Chérie!
Entends ce que dit le Gharr!)

Et Djabou se retourna vers Gharr-le-Dragon :
— Faut-il que je dise à Mère ce que tu m'as dit?

Gharr-le-Dragon, crachant du feu par tout son corps, fit un bond vers le tas d'ordures.

Djabou N'Daw!
File à la maison!
Djabou N'Daw!

Djabou N'Daw lui tourna le dos, et planté sur le tas d'ordures, mains aux hanches lança son chant vers les cases, qu'éclairaient les lueurs de

feu de Gharr-le-Dragon et où grands et petits
tremblaient de frayeur :

> *Yâye ô! Bôye ô!*
> *Dègall li Gharr ghi wakhe!*
> *Gharr ghâ n'ghi khonkhall beuteum*
> *Tegg tji khobou lèm-lèm*
> *Ténâh : Djabou N'Daw*
> *Tokk tja keur gha*
> *Djabou N'Daw!*

> *(O Mère! O! Chérie!*
> *Entends ce que dit le Gharr!*
> *Le Dragon s'est rougi les yeux,*
> *Il a posé des feuilles de piment*
> *Et déclare : Djabou N'Daw*
> *File à la maison!*
> *Djabou N'Daw!)*

Et dansant toujours sur le tas d'ordures, il
fit volte-face et affirma à Gharr-le-Dragon :

> *Djabou lank ma*
> *Lang lang ngal*
> *Dou fa demm!*

> *(Djabou refuse*
> *Et te braque!*
> *Il n'ira pas!*

Et la lune, qui n'avait pas voulu assister plus
longtemps au dialogue de Djabou N'Daw et de
Gharr-le-Dragon, était partie se coucher depuis
longtemps, toujours aussi peureuse.

Et les étoiles, marquées par toute la lueur

rouge que crachait, de ses yeux, de sa gueule,
de ses naseaux et de tout son corps, Gharr-le-
Dragon, clignaient encore des yeux et tendaient
l'oreille pour entendre ce que Gharr-le-Dragon
et Djabou N'Daw se disaient.

Gharr-le-Dragon ordonnait toujours :

> *Djabou N'Daw!*
> *File à la maison!*
> *Djabou N'Daw!*

Et Djabou N'Daw se moquait toujours :

> *Djabou lank na!*
> *Et te braque!*
> *Il n'ira pas!*

Et Gharr-le-Dragon menaçait encore :

> *Djabou N'Daw!*
> *File à la case!*
> *Djabou N'Daw!*

Et Djabou N'Daw, dansant sur le tas d'ordures, chantait plus pour ceux du village que pour
le Dragon, qu'il négligeait apparemment :

> *Djabou refuse*
> *Lang, lang ngal!*
> *Dou fa demm!*

Crachant tout son feu, Gharr-le-Dragon bondit
sur le tas d'ordures et sur Djabou N'Daw,
qu'il avala d'un coup de sa langue fourchue. Il
avait le derrière sur la pente du tas d'ordures.
Djabou N'Daw suivit la pente du ventre de Gharr
et descendit. Et, commençant par la queue, il

avala, à son tour, Gharr-le-Dragon. Le Dragon
suivit aussi la pente du gros ventre de Djabou
N'Daw et tomba aux pieds de celui-ci. Il avait,
ce faisant, perdu dans le ventre de Djabou
N'Daw ses écailles et l'arête de son dos.

Djabou N'Daw descendit encore de Gharr-le-
Dragon et avala de nouveau celui-ci, qui ressortit
de nouveau, mais sans flammes aux naseaux ni
feu à la gueule, sans cornes, et avala Djabou
N'Daw, qui ressortit juste au bas du tas d'ordures et, après avoir avalé Gharr-le-Dragon
pour la troisième fois, prit un noyau de jujube
et s'en boucha l'anus.

Et Djabou N'Daw revint se coucher avant le
deuxième chant du coq.

Il dormait si bien, ou faisait semblant de si
bien dormir, que sa mère ne voulut pas le réveiller, tout heureuse de voir que toutes ses craintes
de la veille étaient aussi vaines qu'aux autres
soirs, aux autres crépuscules quand Djabou
N'Daw s'échappait de la maison et allait au pied
du tamarinier défendu.

-:-

Le soleil chauffait déjà ferme quand Djabou
N'Daw se leva et s'en fut, le ventre un peu plus
gros que d'habitude, à l'arbre des palabres, à
l'ombre duquel les vieux, les hommes âgés et
les jeunes hommes commentaient la terreur se-
mée dans la nuit par Gharr-le-Dragon, qui n'était
jamais resté aussi longtemps dans le pays et
n'était jamais venu si près du village.

Et chacun des plus vieux cherchait, dans sa
mémoire, qui parmi les aïeux avait tant cour-

roucé Gharr-le-Dragon pour qu'il revînt, depuis des lunes et si constamment, les terrifier.

Djabou N'Daw s'approcha :

— Que vient-il faire ici celui-là, qui n'est même pas encore sorti du giron de sa mère ? s'indignèrent les vieux et les hommes mûrs.

— Eh bien, les vieux ! Je viens vous ahurir, fit Djabou N'Daw.

— Nous ahurir ? Ton grand-père et son père et ton père ont-ils jamais dit ou fait quelque chose qui nous étonnât ? chevrota un vieillard en levant le long bâton qui lui servait de troisième jambe.

— Oui, vous ahurir ! affirma Djabou N'Daw.

Et, ce disant, il se baissa, retira le noyau de jujube qui lui bouchait l'anus et lâcha, au milieu du cercle de vieillards, de gens mûrs et de jeunes gens, à l'ombre de l'arbre à palabres... *Gayndé-le-Lion*, qui reçut, à son premier bond, sur l'échine et dans un immense éclat de rire des vieillards, des hommes mûrs et des jeunes gens, un grand coup de bâton du vieillard...

-:-

— *Gharr-le-Dragon* n'est plus, dit Djabou N'Daw. Voilà *Gayndé-le-Lion* qui s'enfuit là-bas. C'est lui qui sera le Roi de la brousse. Un seul coup de bâton suffira pour vous en débarrasser, car il se souviendra toujours de vos éclats de rire.

Il n'y a que la honte qui tue vraiment, même les plus forts, surtout les plus forts. Car le Lion sera toujours, souvenez-vous-en, le maître dans son domaine ! Une seule arme pour l'éloigner : le bâton !

SAMBA-DE-LA-NUIT

— Mère accouche de moi!

— Et comment accoucher de toi, puisque tu n'es pas encore à terme?

Tel était le dialogue que, toutes les nuits, depuis sept nuits et sept jours, la pauvre Koumba, déjà mère de sept garçons nés le même jour, dès la rude journée finie, se mettant au lit, tenait avec l'enfant qui bougeait dans son ventre.

— Mère, accouche de moi!

— Et comment accoucher de toi, tu n'es pas encore à terme?

— Eh bien! je m'accouche tout seul fit l'enfant au premier chant du coq.

Et il se coupa tout seul son cordon ombilical, se fit tout seul sa toilette, et il était au pied de la couche maternelle, quand les matrones, attirées par les cris de la mère, pénétrèrent dans la case et s'ahurirent :

— Qu'est ceci? Que peut bien dire ceci?

— Je suis, dit l'enfant qui grandissait à vue d'œil.

Je suis Samba né de la nuit dernière
Plus vieux que sa mère
Plus vieux que son père
Et du même âge que ses cadets
qui sont à naître !

(Mâye Samba — Djoudou bigg !
Magg n'déyam !
Magg bayam !
Masse ak ai rakam
ya djoudô goul !)

— Mère, dit Samba-de-la-Nuit à Koumba sa mère, je sais que mes frères partent aujourd'hui vers des pays lointains pour aller chercher femme. Mère, dis-leur de m'emmener avec eux.

— T'emmener avec eux ? Mais ils t'ont vu tout à l'heure tout petit. Et même que tu aies grandi si vite, ils ne voudront pas s'encombrer de toi. Il leur sera très difficile, sinon impossible de trouver sept sœurs du même âge et de la même mère, comme je l'ai exigé, car je ne veux pas un jour de querelles de jalousie dans la maison.

En effet, les frères ne voulurent pas s'encombrer de celui-là qui leur arrivait d'ils ne savaient où ; et, prenant congé, ils s'en furent de grand matin le lendemain à la quête de fiancées et d'épouses.

Ils partirent donc avant que le soleil ne fût levé.

Ils marchèrent longtemps, devisant joyeusement, quand l'un des sept garçons qui marchait devant trouva, sur le sentier, une pièce d'argent.

Il la ramassa, la mit dans son gousset et remit
le gousset dans sa poche.

Ils marchèrent encore loin, encore longtemps.
Le soleil commençait à chauffer et à fouiller dans
les feuillages et dans les buissons, quand le frère
qui avait ramassé la pièce d'argent se mit à se
plaindre.

— Quelle chaleur ! j'ai vraiment chaud !

Il entendit alors, venant de la poche de son boubou, contre son ventre :

— Et que devrais-je dire, moi, qui suis dans le
gousset qui est dans la poche de ton boubou ?

Le garçon tira le gousset de la poche de son
boubou et du gousset, la pièce d'argent, qu'il jeta
par terre. Aussitôt qu'elle eut touché terre, la
pièce d'argent se transforma et devint Samba-de-
la-Nuit.

— Veux-tu t'en retourner à la maison ? intima
le frère.

Et ils laissèrent Samba-de-la-Nuit sur le sentier.

Ils marchèrent encore longtemps et arrivèrent
sur un terrain rocailleux, où le sentier n'avait pas
laissé ses traces. Un des frères, qui courait devant les autres, heurta, du gros orteil droit, un
caillou.

— Vouye ! Vouye ! fit-il, que je me suis fait
mal.

Et il ramassa le caillou, et le caillou de lui
dire :

— Et moi, ne dois-je pas me plaindre, moi qui
ai reçu un si fort coup de pied.

Le garçon laissa tomber le caillou, qui, en touchant le sol, se transforma et devint Samba-de-
la-Nuit.

— Veux-tu t'en retourner à la maison? ordonna le frère.

Et ils laissèrent Samba-de-la-Nuit sur le terrain rocailleux.

Ils allèrent encore longtemps, des jours et des nuits, et s'arrêtèrent, au milieu du jour, à l'ombre d'un jujubier, dont les fruits jaunes et rouges étaient aussi gros que des boules d'ambre. Un des frères leva le bras, en cueillit un et le mit dans sa bouche. Il le cracha aussitôt dans sa main en disant :

— Il est aussi amer qu'il est beau, ce fruit.

— Et si tu avais demandé l'autorisation de me cueillir? fit le noyau de jujube.

Le garçon jeta le noyau de jujube, qui, en tombant à terre, se transforma et devint Samba-de-la-Nuit.

— Veux-tu t'en retourner à la maison? fit le frère.

— Non, laisse-le venir avec nous, dirent les autres frères.

Et Samba-de-la-Nuit continua le chemin devant ses sept frères.

Ils marchèrent encore longtemps, des nuits et des jours, et arrivèrent au bord du Grand Fleuve.

Samba-de-la-Nuit se mit à chanter :

> *Koumba yénou gall*
> *Deuppô galla O!*
> *Koumba ragnian naghi!*

> *(Koumba portant une pirogue sur la tête*
> *S'est renversée une pirogue sur elle!*
> *Voici Koumba la noctambule!)*

Les flots alors s'irisèrent, s'agitèrent, bouilli-
rent au milieu du Grand Fleuve...

Samba-de-la-Nuit chanta encore :

> *Samba yénou gall*
> *Donn Ko setti*
> *Domou moll lâ djow!*
>
> *(Samba une pirogue sur la tête*
> *Partait à sa recherche*
> *Fils de pêcheur pagaie!)*

D'immenses vagues se formèrent, qui venaient
déferler aux pieds de Samba-de-la-Nuit et de ses
frères.

Et Samba-de-la-Nuit chantait toujours :

> *Dô ma djap!*
> *Dô ma djayi!*
> *Té dô ma dougall gall!*
>
> *(Tu ne me prendras pas!*
> *Tu ne me vendras pas!*
> *Tu ne me mettras pas dans une pirogue!)*

Une vague, dont l'arête touchait les nuages et
dont l'écume blanchissait l'indigo du ciel, s'avança
vers eux en hurlant et déposa, sur la berge,
Diassigue-le-Vieux-Caïman, le Grand Maître des
eaux.

Et Samba-de-la-Nuit dit à Diassigue :

> *Rammal Diassigue!*
> *Toutti beutt!*
> *Santall moll mou djallè ma!*

(Rampe caïman!
Aux petits yeux!
Mande un pêcheur qui me passe!)

— C'est encore toi, Samba-de-la-Nuit? fit
Diassigue, le père des caïmans. Où veux-tu encore bien aller?

— Je vais tâcher de chercher femme pour ceux-
ci.

— Monte! dit Caïman en tendant son dos
tranchant.

Les grandes eaux se calmèrent et Diassigue-le-
Caïman, soufflant à leur surface, nagea jusqu'à
l'autre rive et déposa Samba-de-la-Nuit et ses
sept frères.

— Tu ne me retrouveras pas ici à ton retour,
Samba, prévint Diassigue-le-Caïman, je serai
reparti vers les sources. Inutile de te dire de faire
bien attention, surtout pour ceux-ci. Va tout
droit; plus loin, tu trouveras ce qu'ils cherchent,
mais ne ferme ni l'œil ni l'oreille un seul instant
quand tu trouveras ce qu'ils cherchent là où tu le
trouveras. Souviens-toi aussi que le pagne, c'est
la femme!

Samba-de-la-Nuit remercia longuement Diassigue-le-Vieux-Caïman, qui s'en retourna plonger
dans le Grand Fleuve.

Et Samba-de-la-Nuit s'en fut devant ses sept
frères.

Ils marchèrent encore des jours et des nuits,
des nuits et des jours et arrivèrent dans un pays
nu et désolé, où ne poussaient ni herbes ni arbres.

Une haute et immense case, qu'entouraient,
comme une poule ses poussins, sept cases, s'élevait jusqu'aux nuages, jusqu'au ciel.

— Ce lieu est-il habité? s'informa d'une voix qui montait jusqu'aux nues Samba-de-la-Nuit.

Une vieille, bien vieille, très vieille, plus que vieille femme, dont le menton touchait presque terre, appuyée sur un long bâton, apparut sur le seuil de la grande case et grogna :

— Que venez-vous faire par ici? Qui vous a permis de fouler mes terres et le seuil de ma demeure?

— Grand-mère, nous venons chercher femme, dit poliment Samba-de-la-Nuit.

— Des femmes? Et quelles femmes vous faut-il? demanda la vieille femme de sa voix grinçante.

— Nous voulons sept jeunes femmes, nées le même jour et de la même mère, expliqua Samba-de-la-Nuit.

Alors, la vieille femme battit des mains, de ses mains plus sèches que des fagots. Et, des sept cases qui entouraient la grande case, sortirent sept jeunes filles plus belles que l'éclat du soleil qui s'abîmait là-bas vers le couchant, vers les sables, vers la mer.

— Voici, dit la vieille femme, vos fiancées, vos futures épouses. Elles sont nées toutes de moi et toutes les sept dans la même nuit. Allez, filles, faites à manger à vos fiancés, à vos futurs époux.

Et les jeunes filles allèrent préparer le dîner, qu'elles portèrent dans la grande case où se trouvaient les sept frères, pendant que Samba-de-la-Nuit fouinait de case en case après avoir recommandé à ses frères de creuser, chacun, un trou devant soi et d'y mettre tout ce qu'ils auraient tiré de la grande calebasse de couscous qui leur était offerte par les jeunes filles.

— Et toi? demanda la vieille femme à Samba-de-la-Nuit, tu ne vas pas manger avec les autres?

— Moi? Jamais! répondit celui-ci.

— Et pourquoi?

— Je mange toujours tout seul. Et seulement ce qu'il me faut manger.

— Et que te faut-il manger? que ne te faut-il pas manger? s'enquit la vieille femme.

— Ce qu'il me faut manger? de la bouillie et pas de couscous, même accommodé avec la viande du plus beau bélier ou du plus beau taureau du plus beau troupeau du pays.

— Et quelle bouillie te faut-il donc?

— De la bouillie dont il faut semer, avant le dernier rayon de soleil, un grain de mil rouge et que ce grain pousse,

> *qu'on le fauche*
> *qu'on le batte*
> *qu'on le vanne*
> *qu'on le pile*
> *qu'on le tamise*
> *qu'on le brasse*
> *qu'on l'étuve*
> *qu'on le rebrasse*

et qu'on mouille la bouillie du lait d'une vache de sept ans qui a porté sept fois des génisses.

Et la vieille femme s'en fut semer un grain de mil rouge sur le sol aride de ses terres nues et désolées. Et le grain de mil poussa à vue d'œil.

> *Elle faucha*
> *Elle battit*
> *Elle vanna*
> *Elle pila*

Elle tamisa
Elle brassa
Elle étuva
Elle rebrassa

et elle mouilla la bouillie du lait d'une vache de sept ans qui avait porté sept fois des génisses.

Et Samba-de-la-Nuit déclara qu'il n'avait décidément plus faim.

Vint l'heure d'aller se coucher. La vieille femme ordonna à ses filles d'aller rejoindre, chacune, celui qu'elle avait choisi comme fiancé. Et Samba-de-la-Nuit, de son côté, dit à ses frères de changer de vêtements et de prendre place au lit, chacun avec celle qui l'aura choisi.

— Et toi? dit la vieille femme à Samba-de-la-Nuit, où vas-tu coucher?

— Moi, Grand-mère, je coucherai dans ton lit, si tu le veux bien, comme cela se doit et comme tout petit enfant doit le faire.

Et les jeunes gens et les jeunes filles s'en allèrent se coucher dans la grande, dans l'immense case.

Longtemps après, la vieille femme et Samba-de-la-Nuit s'en allèrent aussi se coucher dans la case qui était la plus proche de ce qui avait dû être la brousse et les champs qui n'existaient plus car même les chaumes du grain de mil rouge semé avant le crépuscule avaient disparu.

La vieille ronflait et Samba-de-la-Nuit ronflait encore plus fort.

La vieille femme se leva doucement, tout doucement et s'en fut derrière la case. Et un bruit s'éleva : crass! crass!!! Samba-de-la-Nuit se

leva aussi et, s'approchant de la vieille femme que
regardait la lune curieuse, demanda :

> *Mame Daffane!*
> *Lô di dass?*

> *(Grand-mère affectueuse*
> *Qu'affûtes-tu donc?*

La vieille femme était en train d'aiguiser un
couteau long de trois coudées.

— Ce n'est que ce coutelas pour égorger le taureau que je servirai à déjeuner à mes hôtes!
Viens! allons nous coucher.

Et ils s'en furent se coucher. Samba-de-la-Nuit
et la vieille femme...

Et la vieille femme dormait — ou faisait semblant de dormir — et ronflait — ou faisait semblant de ronfler. Samba-de-la-Nuit s'agitait, se
tournait et se retournait sur le lit.

— Tu ne dors pas? s'inquiéta la vieille femme.

— Non, je ne dors plus!

— Et pourquoi ne dors-tu plus?

— Avec ce froid, comment dormir? geignit
Samba-de-la-Nuit.

— Et que te faut-il contre le froid? s'enquit la
vieille femme.

— Un grain de coton.

— Un grain de coton? s'ahurit la vieille femme.

— Oui! un grain de coton.

> *qu'on le sème*
> *qu'on l'irrigue*
> *qu'on l'inonde*
> *qu'on la cueille*

> *qu'on le carde*
> *qu'on le file*
> *qu'on le tisse*
> *qu'on le teigne*

pour en faire une couverture pour mes pauvres pieds.

Et la vieille femme alla au champ au sol aride

> *sarcler*
> *semer*
> *irriguer*
> *émonder*
> *cueillir*
> *carder*
> *filer*
> *tisser teindre*

le coton dont elle fit une couverture qu'elle mit sur les pieds de Samba-de-la-Nuit.

Samba-de-la-Nuit dormait — ou faisait semblant de dormir —, et la vieille femme, son coutelas aiguisé s'en était allée dans la grande case et avait coupé le cou à tout ce qui gisait du côté gauche sur les lits et était vêtu de pagnes.

Elle s'en revint et s'endormit des fatigues d'une si longue et rude journée.

La terre était froide, le premier coq n'avait pas encore chanté. Samba-de-la-Nuit alla réveiller ses frères auprès desquels gisaient, têtes coupées, les filles de la vieille femme. Il les fit sortir de la grande case, des terres arides où séchaient les tiges de cotonniers, après avoir arraché, sans qu'elle fît un mouvement, le pagne de la vieille femme.

Et le premier coq chanta.

Samba-de-la-Nuit et ses frères étaient loin, loin vers le Grand Fleuve quand la vieille femme découvrit, sur les lits, ses sept filles avec les têtes coupées. Son rugissement s'entend encore les soirs d'orage ! Elle s'en fut sur les traces de Samba-de-la-Nuit et de ses frères.

> *Et tout tourbillonnait*
> *Et tout brûlait sur son passage*
> *Et tout tremblait*
> *Et tout frémissait !*
> *Et la vieille femme marchait, courait, volait.*
> *Et tout tremblait*
> *Et tout frémissait*
> *Et tout brûlait sur son passage*
> *E tout tourbillonnait ! ! !*

Elle marchait, elle courait, elle volait.

Elle vola si loin qu'elle dépassa Samba-de-la-Nuit et ses sept frères, qui se reposaient à l'ombre noire et fraîche d'un tamarinier. Et des Thioyes, des Perroquets, les plus rapporteurs des oiseaux, lui dirent qu'ils avaient dépassé, sur leur chemin, des jeunes gens et un enfant qui couraient vers l'ouest.

La vieille femme s'arrêta au flanc du sentier, enfonça des racines dans la terre et se transforma en jujubier. Ses fruits étaient jaunes, rouges, juteux apparemment quand Samba-de-la-Nuit et ses frères arrivèrent à son pied. L'un des frères tendait déjà la main pour cueillir des fruits quand il se souvint de l'amertume des jujubes de l'arbre qu'ils avaient rencontré à leur voyage d'aller. Samba-de-la-Nuit lui avait saisi d'ailleurs le bras.

— Mais tu n'étais pas ici, jujubier, quand nous sommes passés il y a sept jours, dit Samba-de-la-Nuit.

Et l'arbre se mit aussitôt à flétrir comme si tout un peuple souterrain de termites avait rongé ses racines.

Et, Samba-de-la-Nuit devant ses frères, il s'en allèrent encore sur le chemin du retour. Derrière eux, les vents se levaient, les sables tourbillonnaient, les arbres frémissaient, les buissons tremblaient et le ciel était noir !

Devant eux, soudain, caracolaient et piaffaient sept chevaux blancs tout harnachés de soie et d'or.

— Tiens ! fit Samba-de-la-Nuit, il n'y avait pas d'écurie par ici quand nous sommes passés il y a douze jours.

Il fit claquer la longue liane qu'il avait arrachée d'une haie, et les sept étalons disparurent.

Et ils s'en furent, courant toujours vers l'ouest.

Derrière eux, sur les tourbillons, la vieille femme accourait. Samba-de-la-Nuit l'entendit souffler et crier. Elle soufflait et crachait du feu.

Ils approchaient du Grand Fleuve. Ils étaient sur la berge du Grand Fleuve quand la vieille femme rugit :

— Tu ne m'échapperas pas !

Mais Samba-de-la-Nuit prit le pagne qu'il avait volé à la vieille femme et l'étendit sur le Grand Fleuve. Et les eaux du Grand Fleuve s'écartèrent et Samba-de-la-Nuit et ses frères passèrent entre les grandes eaux, qui se refermaient derrière eux.

Ils s'en allèrent des nuits et des jours, des jours et des nuits.

Ils arrivèrent au village et rentrèrent dans la

maison. Au milieu de la cour, s'élevait un tamarinier tout droit et tout vert.

— Et depuis quand est-il né, celui-là? demanda
Samba-de-la-Nuit

— Depuis l'aube, dit Koumba-la-Mère. Et il a
poussé comme toi à vue d'œil.

— Ah! depuis ce matin? dit Samba-de-la-Nuit.
Et poussé comme moi?

Et il s'en fut chercher la plus vieille des haches,
celle qui était tout ébréchée et rouillait chaque
jour davantage sur le tas d'ordures, n'ayant plus
servi depuis on ne savait plus combien de temps.
Et, s'acharnant sur le pied du tamarinier,

> *Weng si wélèng!*
> *Sa wéleng weng!*
> *La vieille, tu mourras!*

Les feuilles frémissaient, le tronc tremblait, les
racines craquaient.

> *Weng si wélèng!*

Et quand le tamarinier toucha terre dans un
immense fracas et un hurlement qui s'entend encore les nuits d'orage, on trouva, tout recroque-
villé, le cadavre de la vieille femme aux sept filles, de la sorcière.

LE TAUREAU DE BOUKI

Pour Sédar Senghor
(avec un Riti)

Bouki n'avait pas daigné dire où il avait trouvé le beau taureau qu'il tirait au bout d'une corde.

Il avait tout simplement ordonné à Leuk-le-Lièvre, qu'il avait trouvé, au milieu du sentier, en train de sécher son corps couvert de rosée :

— Accompagne-moi. Et cours derrière celui-ci pour chasser tout ce qui pourra se présenter et que sa longue queue ne peut atteindre : mouches, abeilles, guêpes, oiseaux. Je ne veux que personne y touche. Et toi, regarde-le le moins souvent possible. Tu pourrais, par tes gros yeux si avides et si gourmands, si goulus, lui faire fondre la graisse de ses beaux fessiers !

Et Leuk-le-Lièvre avait suivi, trottinant derrière Bouki et son bien à quatre pattes. Il n'en pouvait plus de crier, de siffler, de chanter pour chasser tout le cortège ailé qui suivait le trio : oiseaux, guêpes, abeilles, mouches et même moustiques.

Les moustiques n'avaient pas suivi bien loin, ni

bien longtemps, car, depuis toujours, Yoh-le-Moustique et ses congénères n'ont jamais pu s'éloigner de l'eau, et les mares, les marigots, les ruisseaux, les rivières et aussi le Grand Fleuve étaient loin derrière Bouki-l'Hyène, son bien et Leuk-le-Suivant.

Les abeilles avaient trouvé des herbes, des arbres, des fleurs, dont l'écran de parfums, montant sur la rosée qui s'évaporait depuis le matin, les avait retenues.

Les guêpes s'en étaient retournées vers des terres où les fruits juteux étaient déjà mûrs ou mûrissants.

Les oiseaux avaient vainement cherché, sur la peau tendue et luisante du magnifique taureau, des poux ou des tiques à picorer. Effrayés par la chanson que Leuk-le-Lièvre accompagnait de ses bonds derrière le taureau et en les visant avec un fusil imaginaire :

> *Feur! Feurré!*
>> *Feur! Feurramm!*
> *Feur! Feurré!*
>> *Feur! Feurramm!*
> *Djam nâ deughé!*
> *N'Djammal Leuk njaw na!*
>
> *(Volez! voletez!*
>> *Volez à tire-d'ailes!*
> *Volez! voletez!!!*
>> *Volez à tire-d'ailes!*
> *Je touche à tous coups!*
> *Le tir de Lièvre est terrible!)*

ils s'en retournèrent, eux aussi à tire-d'ailes vers les champs de riz et de mil, récoltés ou non.

Seules les mouches harcelèrent encore Leuk-le-Lièvre, le taureau et Bouki-l'Hyène un long bout de temps. Puis, comme les autres, lasses de voleter, de bourdonner devant, derrière et au-dessous et au-dessus des trois voyageurs, elles rebroussèrent chemin, ou firent semblant de s'en retourner à la recherche de proies moins diligemment surveillées.

-:-

— Oncle Bouki, fit Leuk-le-Lièvre, le soleil rentre chez lui et il n'y a plus l'ombre d'une mouche, d'une seule mouche entre ciel et terre. Si ce n'est que la peur de ces parasites qui nous fait venir jusqu'en ces lieux...

— Encore plus loin! coupa Bouki-l'Hyène en tirant sur la corde du taureau.

Le soleil s'était couché. La nuit était venue.

Leuk-le-Lièvre, tout en trottinant derrière le taureau, qui suivait Bouki-l'Hyène, sortit, de sa besace, qui lui battait le flanc gauche, son violon monocorde, son *Riti* et son archet. Et celui-ci, tirant de celui-là trois notes bien graves, Leuk se mit à chanter :

> *Bouki N'Djour ô! N'Djour!*
> *Kaye ma lakhassal là!*
> *Yowe dall! mane dall vâye!*
> *Tji dighoumanding mi!*

Bouki s'arrêta net et tira sur la corde, qui tira sur le mufle du taureau effrayé. La lune s'était levée.

— Chante encore ta chanson! demanda Bouki en esquissant un pas de danse.

Et Leuk-le-Lièvre fit courir à nouveau son archet en crin de cheval sur la calebasse tendue de peau de lézard.

> *Bouki N'Djour ô! N'Djour!*
> *Donne que je te l'attache;*
> *Toi seul! Moi seul!*
> *Au milieu de la savane!*

— Tu as raison, nasilla Bouki, nous sommes seuls, bien seuls maintenant. Tiens-moi celui-ci, attache-le à cet arbre. Je vais chercher du bois mort. Ne bouge pas du pied de l'arbre sous aucun prétexte, et qu'aucune mouche n'en approche. Et chante et joue sur ton violon pour que je t'entende même de très loin, du plus loin!

Et Bouki-l'Hyène s'en fut, dans la nuit, chercher du bois mort.

Leuk-le-Lièvre racla un moment son violon monocorde, puis s'attacha, au poignet gauche, la corde du taureau, et tous deux s'en allèrent vers l'ouest alors que Bouki se dirigeait vers le levant.

Yeuk-le-Taureau aussi innocent qu'au jour de sa naissance, se laissait bercer, lui aussi, au son de la musique et du chant de Leuk-le-Lièvre, qui trottinait maintenant devant lui en raclant son violon et qui le tirait par la corde attachée au poignet gauche de celui-ci et à son mufle.

Fatigué de trottiner Leuk-le-Lièvre grimpa sur le dos de Yeuk-le-Taureau, qu'il excitait avec sa musique et ses chants :

> *Njakk bopp ak dê yeum!*
> *Kou hammoul bopp*

Dô khamm fô djèmm!
Mô lou bidjaw djérigne?

(Manquer de tête vaut la mort!
Qui n'a pas de tête
Ne sait où il va!
Mais à quoi servent les cheveux blancs?)

Tous deux firent un long, un très long chemin
sous le regard de la lune qui, toujours vieille curieuse, se demandait où pouvaient bien aller ces
deux-là et ce que, loin derrière eux, pouvait bien
faire Bouki-l'Hyène avec le gros fagot de bois
mort qui lui pesait sur les reins déjà bien in-
fléchis.

Et Leuk-le-Lièvre entendit, d'abord loin, puis
plus près, s'approchant, les hurlements de Bouki-
l'Hyène, qui soufflait et s'inquiétait :

— Leuk ô! Leuk! où peux-tu bien être avec
mon bien?

Puis la voix de Bouki s'approcha encore :

— Où peux-tu bien te cacher, enfant de malheur?

Leuk-le-Lièvre arrêta sa monture, descendit,
s'arrêta et arrêta Yeuk-le-Taureau au pied d'un
arbre et l'attacha.

Et Bouki arriva avec son fagot, qu'il jeta aux
pieds de l'arbre, de Leuk et du taureau, et interrogea :

— Pourquoi n'es-tu pas resté à l'endroit où
je vous avais laissés?

— Comment ne suis-je pas resté à l'endroit où
tu m'avais laissé?

Kholl ma nadjaye! Kholl ma!
Khollal gouye ghi!
Khollal sa yeuk wi!
Té kholl wère wi !
Djog gou fi!

(Regarde-moi, mon oncle! Regarde-moi!
Regarde l'arbre!
Regarde ton taureau!
Regarde surtout la lune!
Elle n'a pas bougé!)

— Tu as raison, nasilla Bouki-l'Hyène. J'ai
dû faire plus de chemin que je ne pensais.

— Attends-moi ici et tiens bien celui-ci. Je
vais aller chercher une marmite assez vaste et
assez profonde pour le contenir, lui, ses pattes et
sa grosse tête. Et continue à chanter parce que
tout à l'heure je ne t'entendais plus très bien.

— C'est parce que tu as été trop loin, comme
tu l'as reconnu toi-même, mon Oncle.

— C'est fort possible, grogna Bouki qui s'en
alla pendant que Leuk-le-Lièvre raclait son violon et se remettait à chanter.

Bouki N'Djour ô! N'Djour!
Donne que je te l'attache!
Yowedall! mane dall vâye!
Tji dighou mandinng mi!

Puis Leuk détacha Yeuk-le-Taureau qui mâ-
chonnait et ruminait toujours au rythme du Riti.
Il remonta sur le bien de Bouki-l'Hyène. Ils firent un grand crochet et prirent le chemin de

la demeure de Leuk-le-Lièvre. Yeuk-le-Taureau
trotta encore très longtemps.

Ils entendirent loin, très loin, les hurlements
de Bouki qui interrogeait :

— Leuk ô! Leuk! Où peux-tu bien être avec
mon bien, enfant de malheur?

Leuk descendit de sa monture et ils attendirent, tous deux, au pied d'un arbre, Bouki, qui
les rejoignant avec une immense marmite sur le
dos, s'emportait :

— Pourquoi n'es-tu pas resté à l'endroit où je
vous avais laissés?

— Comment? s'étonna Leuk-le-Lièvre. Ne
suis-je pas toujours à l'endroit où tu m'avais
laissé?

Regarde-moi, mon Oncle! Regarde-moi!
Regarde l'arbre!
Regarde ton taureau!
Regarde surtout la lune!
A-t-elle bougé celle-là?

— Tu as raison, reconnut Bouki-l'Hyène. Elle
n'a pas bougé. Attends-moi ici et tiens bien
celui-là. Je vais aller chercher du feu.

Et Bouki repartit chercher du feu pour cuire
Yeuk-le-Taureau, qu'il avait volé on ne savait
encore à qui ni où.

Leuk-le-Lièvre, chantant et jouant du violon,
enfourcha à nouveau le taureau :

Manquer de tête vaut la mort!
Qui n'a pas de tête
Dô soré yonne!
Mô lou bidjaw djérigne?

Qui n'a pas de tête
N'ira pas bien loin!
Mais à quoi servent les cheveux blancs?

Et ils s'en allèrent encore plus loin — ou plus près — puisqu'ils approchaient, à chaque pas, de Sénène, où demeuraient, depuis toujours, tous les lièvres.

Très loin, loin, ensuite plus près, Bouki-l'Hyène hurla :

— Leuk ô! Leuk! Où peux-tu bien être avec mon bien, enfant de malheur?

— Je suis toujours ici où tu nous avais laissés, mon Oncle, cria Leuk-le-Lièvre, qui avait quitté le dos du taureau et s'était assis au pied d'un arbre.

— Pourquoi n'es-tu pas resté où je t'avais laissé avec celui-ci?

— Mais c'est bien ici que tu nous avais laissés, mon Oncle!

— Hum! Hum! douta du nez Bouki-l'Hyène.

— Mais c'est bien vrai, affirma encore Leuk.

Regarde-moi, mon Oncle! Regarde-moi!
Regarde l'arbre!
Regarde ton taureau!
Regarde surtout la lune!
N'est-elle pas au même endroit?

— En effet, reconnut Bouki, elle est toujours au-dessus de nos têtes, cette curieuse. Je me demande ce qui peut bien l'intéresser de mes affaires!

Bouki mit entre trois pierres la braise qu'il avait portée sur un tesson de canari, jeta une brassée de bois mort sur la braise et se mit à souffler sous la marmite, qui était posée sur les trois pierres. Le feu prit, les flammes jaillirent plus haut que la marmite.

— Chasse les mouches, s'il y en a encore, ordonna Bouki.

— Mais il n'y en a plus une seule, mon Oncle. Dans ce pays, les mouches ne volent pas la nuit, expliqua Leuk-le-Lièvre.

— C'est bon, mon neveu, c'est bien! Je te remercie de ton dévouement, je te remercie de m'avoir si bien gardé mon bien. Tu peux partir maintenant. Je suis assez grand, je suis assez vieux, je suis assez fort pour m'occuper de tout ce qui reste à faire, pour m'en occuper tout seul.

Et prenant un gros gourdin, il battit la mesure sur le ventre de sa marmite.

> *Mannako réyye mane kène!*
> *Manna ko fèss mane Kène!*
> *Manna ko tinkhi mane khène!*
> *Manna ko regheul mane kène!*

> *(Je peux le tuer tout seul!*
> *Et le dépouiller tout seul!*
> *Et le dépecer tout seul!*
> *Je peux le cuire tout seul!)*

— Comment, mon Oncle? s'étonna Leuk-le-Lièvre, tu me chasses maintenant, après tout ce que j'ai fait pour toi. Je t'ai accompagné jusqu'ici, je t'ai si bien gardé ton taureau, que tu l'as reconnu toi-même, et Dieu sait que...

— Qu'as-tu l'air d'insinuer, insolent? Sauve-toi vite!

— Mais, mon Oncle! insista Leuk-le-Lièvre qui suppliait, tu sais bien que je pourrais me contenter de regarder brûler le feu et respirer simplement le fumet qui s'élèvera de la marmite?

— Tu ne te contenteras pas de regarder seulement mon feu avec tes yeux si gourmands et si goulus. Je ne tiens pas à ce que tu me prennes le fumet de ma cuisine. C'est ce qu'il y a de meilleur dans un mets, tu le sais bien, petit malin! Va-t'en loin d'ici!

— Mais, mon Oncle, je risque de me perdre dans la nuit!

— Tu demanderas ton chemin à Wère-la-Lune, elle est là pour tout le monde et elle est plus vieille que nous tous.

Le gourdin rythma encore le chant de Bouki :

Je peux le manger tout seul!
Manna ko lekk mane kène!

puis se leva, menaçant sur le râble de Leuk-le-Lièvre, qui préféra détaler sans en demander davantage.

-:-

Leuk-le-Lièvre ne s'en alla pas loin, bien loin, car il était tout près de sa demeure et de celles de ses congénères, que les hurlements de Bouki-l'Hyène à la quête de son bien et du conducteur de son bien avaient fait se terrer au plus profond de leurs trous.

Il tira quelques notes de son violon mono-

corde, puis se mit à gémir en même temps que le
riti sous l'archet.

> *Bouki nakhna Leuk sène !*
> *Bouki dakhna Leuk sène !*
> *Ghâyi sénène Djokk lène !*

> *(Hyène a trompé Lièvre Sène !*
> *Hyène a chassé Lièvre Sène !*
> *Ceux de Sénène, levez-vous !)*

Et le long de la sente, à sa voix geignarde et au
son de la musique pleureuse, pointaient les têtes
des gens aux grandes oreilles, non encore tout à
fait rassurés cependant.

— Portez aussi vos gros tam-tams, ordonna
Leuk-le-Lièvre.

Et les Lièvres portèrent les gros tam-tams.

Sur les peaux tendues des tam-tams, Leuk fit
monter les jeunes lièvres et les moins jeunes, à
qui il donna l'ordre de courir. Et les petits lièvres
se mirent à courir sur les peaux des tam-tams,
et leurs petits pas faisaient un bruit immense et
sourd comme le piétinement lointain d'un troupeau innombrable.

Leuk laissa les jeunes courir sur les peaux des
tam-tams et les vieux secouer leurs longues oreilles.

Et l'on entendit un immense troupeau qui des-
cendait vers le Grand Fleuve comme aux années
où la terre buvait, en l'espace d'un jour, toutes
les eaux du Nord, puits, mares et marigots.

Leuk s'en fut derrière un arbre, pas très loin
de Bouki-l'Hyène, de son feu et de sa marmite,
où bouillait le taureau dépouillé et dépecé.

Bouki-l'Hyène attisait le feu et humait le délicieux fumet de sa cuisine quand il entendit un
bruit sourd et lointain et, plus près de lui, beaucoup plus près, la voix d'un violon et un chant :

> *Bouki N'Djour khamball!*
> *M'Bar sâme mou m'Bâr*
>   *khamball!*
> *Nag yâ nghâ djoqhé Pinkou*
> *Té Paté Diambar angha tja*

> *(Bouki N'Djour attise!*
> *M'Bar berger de forge*
>   *attise!*
> *Les bœufs arrivent du levant*
> *Et Paté le Brave est avec eux!)*

Qui pouvait donc bien l'appeler par son vrai
nom de famille, N'Djour, par son petit nom,
M'Bar, pour ensuite se moquer de lui en le traitant de berger de forge et le comparer à Teug-le-
Forgeron, qui ne quitte pas le feu de son atelier,
de son m'bar et qui enfin l'avertissait d'un danger bien réel?

> *Les bœufs arrivent du levant*
> *Et Paté Diambar est avec eux !*

Car les battues des pas des bêtes se faisaient de
plus en plus fortes, de plus en plus distinctes;
et le clap-clap des savates de leurs bergers s'entendait plus bruyant, plus claquant.

Il dressa l'oreille :

> *M'Bar berger de forge*
> *Bouki N'Djour attise !*
>   *attise !*

Puis il se redressa :

— Il me semble reconnaître ta voix agréable, Oncle Leuk, nasilla-t-il, et aussi la douce voix de ton espiègle riti.

Et Riti, le violon monocorde, prévenait toujours :

> *Nag yâ ngha djoghé Pinkou*
> *Et Paté le Brave est avec eux !*

Bouki courut vers l'arbre d'où venaient le chant et le crincrin du violon.

— Reviens, Oncle Leuk ! Reviens Sène, mon Oncle ! Reviens me surveiller le feu, la marmite et cette viande. Il faut que je m'absente encore. Il faut que j'aille chercher du sel là-haut sur le chemin des chameaux. Va goûter, c'est aussi fade que du foie de chien refroidi. La viande manque de sel !

Et Bouki s'en fut loin...

Loin vers le couchant, fuyant Paté Diambar, le berger, à qui il avait bel et bien volé le taureau et qui, lui était, avec ses bêtes et les siens, là-bas dans le sud, sur les bords du Grand Fleuve.

Leuk-le-Lièvre et les siens jouèrent, dansèrent et chantèrent tout le reste de la nuit et tard dans la matinée, jusqu'à ce que le soleil eût séché la rosée sur les sentes.

Ils jouèrent, chantèrent et dansèrent autour du feu, de la marmite et de la viande de Yeuk-le-Taureau, dont ils avaient privé Bouki-l'Hyène pour le punir simplement de sa cupidité et de sa mauvaise foi.

LES DEUX GENDRES

Pour le double mariage, c'est Leuk-le-Lièvre qui s'était entremis, car la vieille Khoudia, veuve depuis longtemps, n'avait jamais voulu se séparer d'une seule de ses deux filles, mais entendait leur trouver mari en même temps et le même vendredi.

Gayndé-le-Lion était encore dans la force de l'âge, mais veuf et abandonné par ses enfants, filles et garçons, qui avaient été dans d'autres pays se tailler un patrimoine personnel, sauf en ses vieux, très vieux jours, Gayndé-le-Lion n'a jamais pu vivre tout seul et surtout sans compagne. Gayndé-le-Lion cherchait donc femme pour remplir sa solitude et se faire gratter la tête aux heures chaudes de la sieste.

Bouki-l'Hyène aussi désirait trouver une nouvelle épouse, ayant abandonné, l'on ne savait plus depuis combien de lunes, toute sa famille qu'il trouvait trop difficile à nourrir, Poulo-le-Berger surveillant trop bien son troupeau, la lance en main, et Malalle-Laobé, creuseur de mortiers et fabricant de calebasses, menant toujours ses ânes, son gros gourdin sur l'épaule.

Tout le reste dans le pays vivait donc bon gré mal gré en famille, sauf Gayndé et Bouki.

Cela, Leuk-le-Lièvre, qui était au courant de tout, ne l'ignorait pas. Il savait aussi que les filles de la vieille Khoudia étaient en mal d'époux.

Leuk-le-Lièvre s'en fut donc trouver la vieille femme.

— Mame (grand-mère), je peux trouver un mari à chacune de tes filles et le même jour, si tu le veux bien.

— Je t'en remercierais tout le restant de mes vieux jours, Leuk! fit la vieille Khoudia.

— Seulement, il faut que je te prévienne, grand-mère, tes deux gendres, si tes filles veulent bien d'eux, sont comme le jour et la nuit. L'un c'est le courage même, la sincérité; l'autre c'est la fourberie, la lâcheté et autres choses encore que tu sais mieux que moi, étant plus vieille. Ce sont Gayndé-le-Lion et Bouki-l'Hyène.

— Ce n'est pas à mes filles de décider, c'est à moi de leur donner des maris. Quant aux caractères et au comportement futur de ceux-ci à leur égard, c'est à elles à les corriger ou à les supporter. Elles ont reçu assez de leçons dans ma maison pour savoir que c'est la femme qui fait sa demeure et fait ou refait son mari, et qui fait ses enfants.

Leuk-le-Lièvre s'en fut trouver Gayndé-le-Lion, qui s'ennuyait dans sa solitude.

— Oncle Gayndé, je t'ai trouvé une femme!

— Dis la vérité, Leuk! Une femme?

— Oui, mon Oncle, une femme, une fille de la vieille Khoudia.

— Vaye! Vaye! puisses-tu vivre encore long-temps! Que ton souffle s'allonge encore, mon enfant!

— Amine! fit humblement et modestement Leuk-aux-longues-oreilles. Seulement, mon On-cle, l'affaire ne va certainement pas aller toute seule, car tu n'es pas le seul intéressé. Et tu sais bien, dans ta grande sagesse, que, même si tu ne luttes pas, les lutteurs peuvent tomber sur toi. Ta future femme a une sœur et il faut qu'elles se marient toutes deux en même temps, le même vendredi, exige leur mère.

— Et alors? s'enquit Gayndé-le-Lion.

— C'est qu'il n'y a que Bouki-l'Hyène qui soit libre dans tout le pays pour être ton beau-frère en ces moments-ci.

— Bouki? s'ahurit Gayndé-le-Lion.

— Eh oui! Bouki-Djour, l'hyène.

— Enfin, soit! consentit Gayndé, qui tenait absolument à voir à nouveau sa demeure bien tenue et ses repas assurés régulièrement et bien accommodés. Soit, mais tu préviendras Bouki que, si par malheur, il jetait, selon son habitude, un soupçon de déshonneur, qui pût m'éclabous-ser, sur notre famille, c'en sera fait de ses os.

Et Leuk s'en fut trouver Bouki-l'Hyène, qu'il trouva en train de se chamailler avec sa progé-niture, qui avait fini par retrouver ses traces.

— Allez-vous-en! nasillait Bouki. Allez-vous-en!

— Et où veux-tu que nous allions? geignaient les enfants. Mère est morte, et nous avons traîné dans toute la brousse! Nous n'avons plus personne!

— Si! vous avez vos pattes, c'est-à-dire votre chance! Allez-vous-en!

Et les petits Bouki s'en allèrent.

Pas très loin.

— Qu'y a-t-il, Leuk, mon enfant? Que veux-tu? Qu'ont encore su tes grandes oreilles, qui entendent les bruits les moins bavards de la terre? demanda Bouki-l'Hyène en se tournant vers Leuk-le-Lièvre.

— Oncle Bouki, je t'ai trouvé une femme.

— Ne te moque pas de moi, veux-tu?

— Bilahi, mon Oncle! Je t'ai trouvé une femme, une mère pour ces pauvres orphelins.

— Ne t'occupe pas de ces orphelins. Ce n'est pas une mère de famille que je cherche, mais une femme, une femme à moi tout seul. Que ces orphelins se débrouillent tout seuls, comme je l'ai fait à leur âge, avec leurs dents longues et leurs gros ventres. Une femme, m'as-tu dit?

— Oui, mon Oncle. Seulement, voilà, c'est que ta femme, si tu veux d'elle du moins, sera la belle-sœur d'Oncle Gayndé-le-Lion.

— Belle-sœur d'Oncle Gayndé? trembla Bouki-l'Hyène. Explique-toi, mon petit Leuk.

Et Leuk-le-Lièvre expliqua à Bouki-l'Hyène que la vieille Khoudia ne donnerait pas ses filles l'une sans l'autre et que Gayndé-le-Lion était déjà agréé.

— Comme je sais que tu cherches femme depuis des lunes, j'ai pensé à toi. Mais Gayndé te prévient qu'il faut que son beau-frère ne salisse pas la réputation de sa famille.

— Sa famille? Sa famille? s'indigna Bouki.

Mais chacun restera chez soi, je l'espère. Personne ne portera le fardeau de l'autre. Qu'il attende que j'aille lui demander une braise, ou que ma femme aille emprunter un grain de sel à la sienne. Il pourra parler en ce moment-là! fanfaronnait Bouki-l'Hyène.

-:-

Et Leuk et Gayndé et Bouki s'en furent à la demeure de la vieille Khoudia.

— Mame (grand-mère), voici tes futurs gendres, présenta Leuk-le-Lièvre.

Les filles de la vieille Khoudia étaient chacune dans une case. Gayndé-le-Lion s'en fut dans la case de droite et Bouki-l'Hyène entra dans la case de gauche. Et le double mariage se fit.

Et chacun s'en alla avec son épouse; non avant, cependant, que Bouki-l'Hyène ne jetât un coup d'œil avide dans l'enclos où s'agitait et bêlait le grand troupeau de moutons de la belle-mère; où se perdaient les bêtes amenées comme dot par les deux gendres.

Et du temps passa...

Bouki plus occupé à se débarrasser de sa progéniture, qui ne cessait de l'importuner jusque dans sa maison parfois, n'avait pas fait trop parler de soi de peur de s'attirer la susceptibilité — et ses conséquences — de son beau-frère. Sa jeune femme avait été assez bien élevée par sa mère pour n'avoir pas à crier ses ennuis conjugaux au dehors, si tant est qu'elle en eût, ce qui était d'ailleurs fort probable.

Les temps devinrent durs.

La sécheresse était venue. Les pâturages

avaient brûlé. Les eaux des mares, des marigots, ruisseaux, rivières et puits, s'étaient taries. Poulo-le-Berger avait conduit son bétail vers des terres plus hospitalières et le gibier de la brousse s'en était allé, lui aussi, personne ne savait où, Bouki moins que quiconque. La peau de son ventre commençait à se plaquer contre ses reins fléchis.

Bouki se souvenait bien des biens de sa belle-mère, la vieille Khoudia, de tout ce troupeau de moutons qui faisait tant de bruit, dans l'enclos, le jour de son mariage. Mais, de mémoire de mari, on n'a jamais entendu ni vu un gendre aller quémander chez sa belle-mère; surtout si, comme Bouki-l'Hyène, il n'a jamais porté un seul présent, ni mort, ni vif, à la mère de sa femme. Pourtant, la faim était là avec ses dents plus grosses et plus aiguës que celles de l'arrière-grand-mère de toutes les hyènes que le monde eût produites et plus sourde que tous les tam-tams de guerre de Bour-le-Roi.

Bouki, sans cependant oser dépouiller tous scrupules, se débarrassa de quelques-uns, qu'il pendit le long des haies en bordure de la sente qui menait au village de la vieille Khoudia; sans non plus oublier les coutumes trop rigides vraiment, Bouki s'en fut, langue sèche, et pendante, jambes flageolantes, yeux caves, rendre visite à la mère de sa femme.

Voix dolente, Bouki dit les *salamou Aley-Koum* d'usage, fit ses civilités, s'enquit des nouvelles du pays et de l'état de chacun, bêtes et gens, et surtout des pauvres bêtes qui devaient avoir certainement souffert plus que quiconque de cette maudite sécheresse.

Bouki parla de ceci, de cela, de ce qui était mûr

et de ce qui n'était pas mûr, de tout et de rien,
d'une voix de plus en plus mourante; il n'avait
plus de salive.

Il tendait, de temps à autre, une oreille vers
l'enclos où le troupeau, toujours aussi beau vrai-
semblablement qu'au jour de son mariage, piéti-
nait, bêlait, se disputait, petits et grands.

La vieille Khoudia avait vécu assez d'années
d'abondance et de lunes de disette.

Elle avait assez vu de gens repus et de pauvres
hères mourant de faim pour n'avoir pas deviné
que son gendre était tout près d'une syncope par
inanition.

— Goro (mon gendre), fit la vieille belle-mère,
en partant, tu passeras dans l'enclos prendre un
mouton pour ta maison.

Bouki n'alimenta pas plus longuement la
conversation et, ne faisant pas dire deux fois
l'offre, prit, sur-le-champ, congé de sa belle-mère,
passa par l'enclos et tira derrière soi, au bout
d'une corde, un jeune et beau bélier, qui récalci-
trait sur le sentier menant à sa maison.

Bouki n'était pas très loin de sa demeure lorsque ses enfants surgirent du flanc de la sente et
s'emparèrent, après l'avoir entouré lui et son
bien, du jeune bélier qui ruait, sautait, bêlait.
Bouki fut obligé de partager le don de sa belle-
mère avec son encombrante progéniture et rentra
le ventre plein, mais les mains vides, chez lui.

-:-

Comme un bon laboureur sur le sentier des
champs pour les labours et pour la récolte, Bouki

s'accoutuma au chemin de la demeure de sa vieille belle-mère.

Et toujours déférent, poli, civil comme un digne gendre, il racontait les nouvelles du pays, parlait des temps durs dont on ne verrait jamais la fin sans doute; compatissant aux malheurs des vrais miséreux et... passait toujours, en repartant, par l'enclos et emmenait un mouton, que ses enfants, toujours à l'affût au flanc de la sente qui menait à sa demeure, l'obligeaient à partager avec eux avant qu'il n'eût atteint sa maison, où sa femme ne voyait jamais le moindre morceau des bêtes de sa mère.

Et cela durait.

Et le troupeau de la vieille Khoudia fondait, son enclos se vidait.

Et Bouki et ses enfants oubliaient presque que la disette était maîtresse dans le pays.

Leuk-le-Lièvre, qui fouinait par tout le pays, s'arrêta, un soir, dans la maison de la vieille Khoudia, à l'heure où les bêtes rentrent au bercail. Leuk ne vit pénétrer dans l'enclos que quelques vieilles brebis, dont les mamelles étaient flasques comme la besace d'un griot malchanceux.

— Grand-mère, s'étonna Leuk, où est donc passé tout ton beau troupeau qui faisait tant de vacarme l'heureux jour du double mariage?

Et la vieille femme raconta à Leuk les visites de politesse de ce pauvre Bouki, de ce pauvre gendre qui mourait visiblement de faim, mais qui, pour rien au monde, n'aurait jamais demandé, à sa belle-mère, le moindre morceau ni la plus chétive bête pour lui ni pour sa femme.

Leuk-le-Lièvre approuva et puis s'en fut. Il

rebroussa chemin et passa par la demeure de
Bouki-l'Hyène. Il n'y trouva que la femme de
Bouki, qui n'avait plus que la peau sur les os. Il
comprit que les bêtes du troupeau de la vieille
Khoudia n'avaient pas dû arriver souvent, sinon
jamais, jusque dans la maison de sa fille.

Leuk ne pouvait pas se contenter de compatir.

Il alla tout droit chez Gayndé-le-Lion :

— Oncle Gayndé, j'ai vu quelque chose qui ne
me plaît pas du tout, quelque chose qui me déplaît
fort, quelque chose d'inimaginable, même de la
part de Bouki !

— Bouki ? Qu'a-t-il encore fait ? nous n'avons
rien entendu dire sur lui ni sur sa femme jusqu'ici.

— Mon Oncle, c'est parce qu'il s'agit d'un
secret entre belle-mère et gendre, et que ta belle-
mère est une digne femme, une vraie belle-mère.

Et Leuk-le-Lièvre ne se priva pas de narrer
tout ce qu'il avait vu, ou plutôt ce qu'il n'avait
plus vu, tout ce qu'il avait entendu chez la vieille
Khoudia; de raconter ce qu'il avait trouvé chez
sa fille, la femme de Bouki.

Gayndé-le-Lion, qui était la loyauté même, ne
pouvait croire ce que Leuk-le-Lièvre lui rapportait. Il dit à sa femme :

— Il y a longtemps que tu n'as pas vu ta
mère. Va lui faire visite. Reste là-bas tant qu'il
te plaira; au retour, tu me diras ce que tu
auras vu et entendu.

La femme de Gayndé-le-Lion alla faire visite à
sa mère.

Elle ne resta pas longtemps dans la demeure
maternelle et revint au bout de trois jours.

— Mon Oncle, dit-elle à son époux en pleurant,

mon Oncle, tout ce que nous avait dit Leuk-le-
Lièvre est vrai, même au-dessous de la vérité. Il
ne reste plus qu'une vieille brebis dans l'enclos
de ma mère. Bouki-l'Hyène a enlevé tout le
troupeau, bête après bête, jusqu'aux moutons que
tu avais offerts, jusqu'aux trois chèvres qu'il
avait données comme dot pour ma sœur.

-:-

Ce ne fut que sur le seuil de la demeure de sa
belle-mère que Gayndé-le-Lion put faire taire
son courroux et arriva à l'enfouir au plus profond de son cœur. Ses *salamou Aley-Koum*, ses
congratulations, ses civilités de gendre bien élevé
n'en souffrirent donc point.

Il put quand même faire dire, au bout d'un
très long temps, à la vieille Khoudia réticente
que c'était bien son autre gendre qui avait pillé
tout l'enclos de bétail.

Il ne restait plus que la vieille brebis, la mère
de tout le feu troupeau.   .

C'était justement le jour de la visite de Bouki-
l'Hyène, renseigna, à la fin, la vieille femme.

Gayndé-le-Lion fit mettre la vieille brebis dans
une case et alla s'attacher à un piquet au fond de
l'enclos.

Le soir tombait.

Bouki-l'Hyène arriva chez sa belle-mère. Ses
jambes étaient toujours aussi flageolantes, son
ventre plus creux, sa langue plus pendante et plus
sèche et ses yeux plus caves qu'à chacune de ses
innombrables visites. Sa voix était aussi mourante et ses saluts encore plus sourds qu'aux
autres fois. Toujours aussi déférent, poli, civil

comme un digne gendre. Bouki raconta les nouvelles du pays, parla des temps durs dont on ne
voyait pas la fin décidément, compatit aux malheurs des vrais miséreux, prit congé et passa en
repartant dans l'enclos qu'envahissait la nuit. Il
détacha la corde et tira la bête qui était seule
dans l'enclos et qui suivit docilement sans crier,
sans sauter, sans ruer.

— Tant mieux, constata en nasillant Bouki,
qui se souvint qu'il ne restait du troupeau qu'une
vieille, très vieille brebis et qui sans se retourner
caressa la tête de la bête. Même pas trace de
corne sur le crâne! Tant mieux, tu seras plus
facile à égorger, puisque tu sembles en avoir
pris ton parti, l'âge t'a bien assagie, vieille grand-
mère. Ainsi, mes enfants ne t'entendront pas,
puisque tu n'ameutes pas tout le pays, comme les
autres, toi!

Et Bouki s'en fut sur le sentier menant à sa
demeure et tirant son bien au bout de la corde.
Il s'arrêta au bout d'un long chemin et, sans se
retourner, caressa encore la tête de sa bête:

— Oui, même pas trace d'une corne! fit-il
joyeusement, tu ne risques pas ainsi de me blesser
en te débattant quand je t'égorgerai tout seul!

Et il continua son chemin.

Mais les enfants de Bouki n'auraient pas été
des enfants de Bouki s'ils n'avaient escompté que,
ce jour-là, leur père reviendrait comme d'habitude avec son mouton. Ils n'avaient jamais essayé d'ailleurs, de savoir d'où, puisque leur père
le leur portait ponctuellement sinon gracieuse-
ment.

Bouki n'était pas loin de sa maison quand ses
enfants, surgissant du flanc de la sente, l'en-

tourèrent et ils allaient s'emparer de son bien lorsqu'un rugissement, qui s'entend encore de nos
jours, les cloua sur place et figea Bouki, qui
s'était retourné juste pour voir, braqués au plus
profond de ses yeux, les braises des deux yeux de
Gayndé-le-Lion.

— Nous sommes morts ! firent les enfants de
Bouki.

— C'est On... Oncle Ga... Gayndé ! bégaya
Bouki.

Gayndé-le-Lion hésita-t-il sur le choix entre le
père et l'un des premiers enfants ? Toujours est-
il que lorsqu'il se décida à bondir, Bouki et sa progéniture étaient tous suspendus aux branches
d'un fromager dont les piquants leur entraient
dans les doigts.

Gayndé-le-Lion s'affala au pied du fromager
rugissant, battant la terre et ses flancs d'une
queue rageuse.

Et la nuit passait...

Et la lune, la vieille curieuse, qui insinuait ses
regards à travers le feuillage du fromager, se
demandait quelles étaient ces roussettes géantes
qui s'agitaient, accrochées aux branches de cet
arbre au lieu de voleter la nuit comme toutes les
roussettes et toutes leurs sœurs, les chauves-souris
de tous les pays.

Et le temps passait...

Et un des fils Bouki de geindre :

— *Baye Tokhi !* (Père Fatigué !)

Et le père de lui rétorquer :

— *Tokhi ! Tokhi !*
  Nokhou tji souf

Nidjaye Gayndé yapp
(Fatigué ! Fatigué !
Foutu par terre
Oncle Lion dévorer !)

Bouki ne faisait plus de longs discours, tenant
à ménager sans doute sa salive ; il donnait le
même avertissement à celui des enfants qui se
plaignait de sa fatigue :

— *Baye ! Tokhi !*
— *Tokhi ! Tokhi !*
Nokhou tji souf
Oncle Gayndé dévorer !

Alors, l'on entendit un grand, un long cri, le
bruit lourd d'une outre pleine qui tombe, un
rugissement, la forte claque d'un coup de patte de
Gayndé-le-Lion sur le ventre d'un petit Bouki.
Et puis le bêlement joyeux d'agneaux, d'ante-
nais, de brebis, et la voix plus grave d'un bélier.
Le temps passait...
La nuit était passée...
Le soleil s'était levé...
La queue de Gayndé-le-Lion battait toujours
de rage.
Du ventre ouvert des trois petits Bouki étaient
sortis des agneaux, qui, comme leurs frères,
leurs père et mère, gambadaient pas très loin du
fromager, le tiers du troupeau de la vieille Khoudia.
Les piquants des branches de l'arbre s'enfon-
çaient toujours dans les doigts de Bouki et de
ce qui lui restait de sa progéniture. Et l'un des
enfants de pleurer :

— *Baye! Fatigué!*

Et le père de grogner de sa voix nasillarde :

— *Tokhi! Tokhi!*
Foutu par terre
Oncle Gayndé dévorer!

Le enfants tombèrent les uns après les autres après avoir vainement supplié leur père, qui n'y pouvait mais.

— Gayndé-le-Lion, toujours rageant et rugissant leur ouvrit le ventre et libéra les bêtes du troupeau de sa belle-mère.

Le soleil, de bon matin, avait ouvert les yeux bien grands et le feuillage du fromager ne pouvait plus lui cacher Bouki gigotant sous la plus haute branche, qui, à son tour, se mit à geindre :

— *Oncle! Tokhi!*

Gayndé-le-Lion ne put s'empêcher de s'ébaudir à s'étouffer.

— *Fatigué! Fatigué!*
Foutu par terre
Oncle Gayndé dévorer!

fit-il en ricanant, puis en imitant Bouki.

— Mais, Oncle Gayndé, fit celui-ci, tu ne peux pas faire ça au mari de ta belle-sœur !

Gayndé-le-Lion riait tellement, de si bon cœur et aux larmes, qu'il ne vit pas son beau-frère choir à ses pieds; et le bruit d'outre pleine que fit celui-ci en touchant terre le prit au dépourvu.

Sa grosse et lourde patte n'atteignit que les reins de Bouki, qui s'était relevé et détalait, les fesses encore plus basses, rendant cependant dans sa fuite éperdue le restant du troupeau de sa belle-mère.

LIGUIDI-MALGAM

A. J. et P. Guidon-Lavallée

Nous étions, après notre troisième panne, aux
portes de Tenkodogo, à Liguidi-Malgam. Le pont,
tout neuf, pouvait mieux que nous supporter
et nous laisser passer. Mais, pour se venger,
sans doute, d'avoir été tant de fois obligé de
braquer le volant de son pick-up à travers les ra-
vinements des remblais en banco, Aloys-le-
Chauffeur nous avait arrêtés devant le campe-
ment de Liguidi Malgam.

Ce nom de village m'avait plu ou mieux m'avait
pénétré comme certains mots vous saisissent,
par leur résonance, leur musique. Quand j'en
sus la traduction « l'argent m'arrange », j'en
conclu tout de suite pour moi seul, que le village
devait être de vieille, de très vieille, de plus que
vieille fondation, d'avant que les cauris, apportés
des bords de la Grande Mer par les premiers
marchands d'esclaves, ne fussent dans le pays.
Les cauris, monnaie de coquillage détrônée par
les pièces de billon, qui remplaçaient, de plus en

plus, les billets, de moindre valeur aux yeux de
tous ceux et de toutes celles qui avaient n'importe
quoi à vendre sur les marchés.

Comme je le faisais très souvent — ou plutôt
ne le faisais pas —, je n'avais pas prévenu le
Commandant de Cercle de l'heure de mon arrivée.
D'autant que je savais que je pouvais ne pas dé-
barquer quand c'était prévu.

Deux mois avant cette tournée, j'avais été jusqu'en Gold-Coast et jusqu'à la pointe septen-
trionale du Togo, et j'avais pris exactement cent
cinquante-sept déviations entre Ouaga et Da-
pango. C'est dire que les ponts coupés, dont il ne
restait que les squelettes en pieux fourchus,
n'étaient pas des obstacles à une marche régulière
qui vous permettait d'arriver chez les gens à des
heures honnêtes.

Bref, ce n'était pas les ponts coupés (depuis
longtemps) ni les marigots à sec comme des go-
siers de nabas (depuis plus de trois lunes) qui
nous avaient retardés et retenus. Mais de simples
crevaisons. La première, dont il me souvient
comme de tout ce qui ne m'arriva jamais de né-
faste et qui aurait pu l'être, m'avait laissé assez
de temps, pendant que chauffeur, apprenti et cui-
sinier réparaient, de me fourvoyer, à travers les
hautes herbes, dans une chambre-de-lions, à quelque deux cents pas de la route Ouaga-Niamey.
La chambre était vide, mais encore chaude et
puante de l'urine des fauves et des reliefs de charogne.

Nous nous étions donc arrêtés à Liguidi-Malgam.

Et je me disais : tant pis pour les boules !
Tant pis pour la manille ! Le Bon Père n'aura

pas ses briques. Car le Père Blanc de la Mission jouait aux cartes et réglait, en guise d'enjeu, avec des litres de vin de messe contre des briques pour ses bâtiments. Et tout le monde, à Tenko-dogo en ce temps-là, jouait aux boules, du gros médecin au petit douanier. Et je pensais aussi : tant pis pour la maîtresse de maison, qui, à cette heure-là, s'affairait à la cuisine.

Car, j'avais eu beau ne pas avoir annoncé mon départ ni surtout mon arrivée, tout le pays devait être déjà au courant; j'avais eu non seulement un catéchiste à déposer quelque part en route, mais encore deux sacs de farine pour une mission perdue dans la brousse. Et en pays d'entre-Voltas, bons-pères et bonnes-sœurs étaient plus renseignés que vous-même sur vos décisions et même sur vos actes pour peu que vous en ma-nifestiez une intention.

Tout le monde — ou presque — devait déjà sa-voir que nous étions partis vers l'est et puis vers le sud. Quant à l'arrivée, entre ceux que l'on déposait en chemin et ceux que l'on ramassait en route, il y avait les pannes, les arrêts sans rai-sons, apparemment valables...

Je décidai donc moi aussi : tant pis pour le Commandant, tant pis pour le Bon-Père et la ma-nille. Tant pis surtout pour la maîtresse de mai-son et son bon repas. Puisque Monsieur Aloys-le-Chauffeur en avait décidé ainsi.

-:-

Et je n'eus pas à regretter cette veillée sur la route du sud, à Liguidi-Malgam.

Car Aloys-le-Chauffeur n'avait pas été le seul

à décider. Bamoye-l'Infirmier était aussi, ce soir-là, à Liguidi-Malgam et tout fier de son tableau de chasse, qui fut un des premiers dans la lutte contre les fauves.

Les premières hyènes étaient crevées tout près des tas d'ordures du village. Les plus éloignés des cadavres avaient été récupérés dans les fourrés, contre les termitières, dans des grottes, au bord de lointaines flaques d'eau. A l'entrée du village, s'étalait un vaste tapis de pelage brun moucheté, que piquaient quelques taches jaunes ocellées de panthères, deux taches fauves de lions très vieux et les dépouilles rouge clair d'une dizaine de cynhyènes.

Et, dans cette fête de l'hécatombe des fauves que célébrait le village à coups de calebasses, de dolo et de tam-tam, ce qui me retint surtout et m'empêcha d'atteindre, ce soir-là, le chef-lieu du cercle, ce fut le cercle qui commençait à se former autour des vieilles conteuses et des vieux diseurs.

Avais-je besoin de savoir le moré pour comprendre ce qui se disait et surtout ce qui se chantait dans cette nuit bleue et cette veillée limpide? J'en devinais tant! Et Aloys me les traduisait et moi je les transposais, ces chants, ces contes et ces dits.

De ces dits, il me souvient, ce soir, d'un. Je le rapporte. C'est celui de Nitjéma-l'Ancien et de la Vieille-Noaga, d'où naquit, sans doute, le village de Liguidi-Malgam (l'argent m'arrange).

C'est Nitjéma-le-Vieux, qui était revenu au pays depuis longtemps, avec Awa son épouse, qui l'avait conté.

Nitjéma-le-Vieux avait été de ceux-là qui en

leurs vertes années, avaient su échapper au re-
crutement pour la construction du chemin de fer
Thiès-Kayes. Il n'avait pu, comme beaucoup de
sa génération, se constituer une dot pour prendre
femme après avoir fait, trois fois, le voyage à pied
vers Bawku et Kumassi. Et célibataire, il s'était
échappé comme beaucoup d'autres, vers le cœur
du Soudan, mais il ne fut jamais à Bamako, le
vrai Bamako, dont il entendit, pourtant, tant de
fois parler durant son exil ; pas du Bamako
des jeunes et des moins jeunes, le Bamako du
paysan de la brousse voltaïque. Car, jusques en
nos jours, quand un homme de la brousse vous
parle d'aller à Bamako (toujours à cause de ce
chemin de fer de Thiès à Kayes), vous pouvez
aussi bien entendre Abidjan ou Ségou, Bouaké ou
Toukoto, Man ou Kayes.

Mais tout cela était si loin, si loin ! Et, de ceux
qui, ce soir-là, l'écoutaient comme moi, mais au
contraire de moi le comprenaient directement, très
peu avaient su quand il s'en était revenu des
plaines du nord, accompagné d'une femme au
teint plus clair que la peau des femmes du pays,
épousée là-bas dans le pays des sables.

De marchés en labours, lentement au rythme
des lunes, des pluies, des années, il était revenu et
avait repris sa place à Liguidi-Malgam, avec Awa
sa femme, épousée il ne savait lui-même plus où.
Awa, qui devait encore avoir, dans ses veines
aussi douces que des tuyaux de pipes, du sang
de peulh, de bella et même sans doute de beïdane
étant donné — disait Nitjéma-le-Vieux — qu'elle
n'avait jamais pu, jusqu'en ses vieux jours, un
seul jour de sa vie, garder un secret.

Chacun chez soi ! Et Awa n'avait jamais été

chez elle à Liguidi-Malgam. Cris, jérémiades, récriminations, tout avait été, disait Nitjéma-le-Vieux, après une large gorgée de dolo, tout avait été pour lui, le pauvre mari, que tout le monde pourtant avait accueilli à bras ouverts à son retour...

Nitjéma-le-Vieux avait repris une calebasse de dolo. Je lui avais tendu une bouteille de rhum. Il avait déposé la calebasse, pris la bouteille, bu une large rasade, et il s'était remis à parler après m'avoir rendu la bouteille.

-:-

Celle-ci ! dit Nitjéma-le-Vieux en pointant son index noueux et tremblant vers la vieille Awa, dont les rides absorbaient les lueurs des fagots qui flambaient et rougissaient ses joues flasques, celle-ci a exactement le caractère de Noaga-la-Vieille, la première épouse du père du grand-père de l'arrière-arrière-arrière-grand-père de mon père, la première femme de Nitjéma-l'Ancien, ronchonneuse et pleurnicheuse, fainéante et dépensière, méchante et rapporteuse. Exactement comme la plus ancienne des femmes de mon clan. Heureusement pour moi que je n'ai jamais eu la chance du fondateur de notre famille, je n'aurais pas eu sa sagesse ni sa ruse. J'aurais été perdu il y a longtemps.

Nitjéma-le-Vieux s'était arrêté comme pour ruminer toutes les rancœurs qui avaient étouffé son aïeul, Nitjéma-l'Ancêtre, rancœurs qu'une bonne gorgée de dolo fit descendre au plus profond de son ventre, qui commençait à perdre ses rides à la lueur des fagots.

Et Nitjéma-le-Vieux avait repris son dit ou plutôt le commençait, je le rapporte tel que j'ai pu le retenir.

-:-

Nitjéma-l'Ancêtre travaillait, depuis le matin, au champ. Le soleil tombait droit sur son dos courbé. Lorsque, d'un coup de hoyau, il défonça une termitière parmi tant d'autres, qui alternaient avec les souches calcinées et parsemaient le sol défriché, par le trou de la termitière défoncée, Nitjéma-l'Ancien aperçut des tas d'or et d'argent.

Que faire de ce trésor?

Où cacher cette fortune, sans que personne en sût rien?

Où porter tout cet or et tout cet argent? Pas à la maison sûrement! car la langue de Noaga-l'Ancêtre était plus longue que toutes ses ceintures de perles attachées bout à bout. Un jour ou l'autre, en admettant même qu'elle n'en fît brusquement étalage, elle ne pourrait jamais ne pas se vanter auprès des autres femmes de ce qui leur arrivait à elle et à son mari. Et pour peu que, selon son humeur, Nitjéma-l'Ancêtre la corrigeât d'une bêtise ou d'une méchanceté, tout cela arriverait fatalement aux oreilles du Naba.

Que faire? Que faire de cette aubaine?

Et Nitjéma-l'Ancêtre était plus malheureux que les jours où la sécheresse ou les sauterelles avaient anéanti le labeur de tout une saison.

Il s'était accroupi près de la termitière où dormait toute cette fortune, le daba entre ses pieds et la tête dans les mains, quand Lapin-le-petit-

Biga, s'approchant, salua congrûment (*lafi! lafi!*) des pattes de devant et des oreilles et s'informa de la détresse du cultivateur. Nitjéma-l'Ancêtre montra, à Lapin-le-Biga, tout ce qu'enfermait la termitière défoncée et lui expliqua pourquoi il ne pourrait pas disposer de toute cette fortune sans danger pour lui, du fait du caractère de sa femme Noaga-l'Ancêtre.

— As-tu une nasse, vieux Nitjéma? demanda Lapin-le-Petit.

— Oui! je l'ai posée, depuis l'aube, dans le marigot.

— Allons au marigot, voir ce qu'il y a dans la nasse, ordonna Lapin-le-Biga.

Dans la nasse, au marigot, il y avait des carpes, quelques poissons-chat et un gros, un énorme silure moustachu.

— Rejette le fretin à l'eau, dit Biga-le-Lapin et garde ce gros silure aux fortes moustaches. Va le pendre à la plus grosse branche de ce karité là-bas. Mets-moi dans la nasse, que tu vas laisser sur la berge. Va chercher ta femme et, avec elle, tu videras la termitière; tu me pêcheras ensuite; après, tu cueilleras le silure; ce moustachu a la vie dure et ne mourra pas avant que tu l'abattes d'une flèche.

Nitjéma-l'Ancêtre s'en fut donc à la maison.

— Femme, vite! Viens vite! J'ai découvert un trésor au milieu du lougan. Viens vite!

— Un trésor peut-être! piailla Noaga-la-Vieille. En attendant le feu brûle et il n'y a rien dans la marmite que de l'eau même pas salée. Où est la nasse que tu avais emportée ce matin?

— C'est vrai, femme, tu as raison! Devant tout cet or et tout cet argent, j'ai oublié la pêche.

Donne-moi mon arc et trois flèches, j'ai entendu
des pintades dans les karités. Prends deux canaris, femme, prends deux canaris.

Noaga-la-Vieille prit deux canaris et suivit son
époux.

Elle faillit s'évanouir en découvrant tout l'or
et tout l'argent de la termitière défoncée. Ils
remplirent les canaris et firent trois fois le trajet
du lougan à la maison pour vider la termitière.

— C'est bien beau tout cela, ronchonna Noaga-
la-Vieille quand la termitière fut entièrement vi-
dée, mais ceci ne se mange pas et mon feu brûle
toujours.

— C'est vrai, femme, tu as raison ! asquiesça
Nitjéma-l'Ancêtre. Allons au marigot.

Au marigot, dans la nasse, s'était pris un
lapin au grand étonnement de la femme. Le mari
prit la nasse et le lapin. Mais, en chemin, la
prise s'échappa, trottinant du derrière et oreilles
rabattues, Noaga-la-Vieille se remit à grogner,
à grommeler, à crier :

— Le repas est bien loin maintenant malgré
cette grosse fortune.

— Attends, femme ! recommanda le mari au
pied du karité, dont il visait, arc et flèche en
mains, la plus grosse branche. La flèche partit
et, à leurs pieds, chut en frétillant un gros silure
fortement moustachu.

-:-

La termitière avait été défoncée du côté du le-
vant. Lapin-le-Petit s'était abrité à l'ombre de
Nitjéma-l'Ancêtre en lui donnant ses conseils.
Le feuillage du karité était encore fourni. Le

soleil n'avait donc pas eu l'occassion de s'intéresser à ce qui s'était passé dans le champ de Nitjéma-l'Ancêtre ni au bord du marigot, et il avait continué son chemin vers le couchant et même rapidement, n'ayant pas vu, depuis son lever, quelque chose de particulier qui retînt ses regards. Il rentrait chez lui, quand Nitjéma-l'Ancêtre et Noaga-la-Vieille, celle-ci portant la nasse, où frétillait encore le silure moustachu, et celui-là arc, flèches et daba, arrivaient sur le seuil de leur demeure. De longs cris se firent entendre dans le lointain, comme aux crépuscules de toutes les saisons sèches. La vieille Noaga s'était arrêtée, tressaillant.

— Les chacals qui ricanent! fit-elle tremblante.

— Des chacals, s'étonna son époux. Ce sont les souffles qui viennent tourmenter, au crépuscule, Naba notre chef sacrilège, comme tu le sais bien.

Le silure moustachu finissait de cuire dans la marmite, sur le feu rallumé. Sur l'autre rive du marigot, montèrent, puis s'enflèrent des hurlements d'hyènes, ainsi qu'il en fut toujours aux soirs de pleine lune.

— Les hyènes qui hurlent! dit Noaga à son mari.

— Mais non, ce ne sont pas les hyènes, tu le sais bien. Ce sont les esprits qui viennent demander des comptes, comme toutes les nuits de pleine lune, au Naba, qui se moque si souvent d'eux. Apporte donc le repas, la journée a été assez remplie comme cela!

La terre était froide. Et tout — ou presque tout — endormi, ou non encore réveillé. Un bruit sourd, épais, puis finissant très sec vers la fin de la première nuit, se faisait entendre.

— Nitjéma ! Nitjéma ! fit la vieille Noaga en secouant son époux endormi, entends les lions qui rugissent !

— Mais non ! fit Nitjéma-l'Ancien. Ce ne sont pas les lions qui rugissent, ce sont les anciens, partis, qui reviennent chercher Naba-le-Chef, qui ne s'est jamais occupé d'eux.

-:-

Et les jours s'en furent. Et les lunes passèrent, Nitjéma sans besoins autres que ceux de faire reforger ses hoyaux et ses flèches, les calebasses de dodo des proches marchés, qu'il préférait au dolo de sa maison, où les canaris étaient, cependant, toujours pleins et écumants de bière de mil. Pendant ce temps, Noaga-la-Vieille ramenait, dans la demeure, non seulement parentes, voisines et amies du village, des autres villages, mais d'autres villages plus éloignés encore, confectionnait force canaris de dolo, tuait et accommodait moutons et chèvres et chiens. Et, dans la maison, ce n'étaient que fêtes et ripailles, du matin au soir.

Nitjéma-l'Ancêtre en eut enfin assez.

Et de conseils en réprimandes, de fâcheries en menaces, il en arriva à battre, comme elle le méritait, son épouse, qui ne se priva pas d'ameuter tout le village et finit par s'enfuir chez le Naba.

— Naba ! Naba ! geignit Noaga-la-Vieille, je n'en peux plus ! Ma maison n'est remplie que de canaris de dolo. Mon mari s'enivre du matin au soir et du soir au matin. Il me bat plus qu'un âne de colporteur. Il ne me donne rien à manger, ni de quoi aller au marché, alors qu'un des greniers à la maison est plein d'or et d'argent.

Naba-le-Chef et sa suite vinrent voir Noaga dans la maison de Nitjéma-l'Ancien.

— Où est le trésor dont parle ta femme? s'enquit Naba.

— Quel trésor? s'étonna Nitjéma-l'Ancien.

— Il est là! fit la femme en désignant une des jarres qui servaient de greniers.

On découvrit la jarre, puis toutes les autres jarres, qui ne contenaient que du mil, des haricots, des amandes de karité. De trésor, aucun! Ni d'or, ni d'argent!

— Il l'a enlevé! Il l'a enlevé! piaillait la vieille femme!

— Je ne sais pas de quoi il s'agit vraiment! affirma Nitjéma-l'Ancien.

— Tu le sais mieux que moi, de quoi je parle! De tout l'or et de tout l'argent que, toi et moi, nous avons passé une demi-journée à transporter du champ à la maison!

— De l'or? de l'argent? un trésor? Du champ à la maison? Femme, décidément, tu perds la tête!

— Et où était ce trésor? s'impatientait Naba-le-Chef. Et quand l'as-tu trouvé et porté chez toi?

— Mais Naba! Naba! je n'en sais absolument rien! Que peut bien vous raconter cette femme dont la tête est complètement partie?

— Ma tête partie? s'indignait la vieille hargneuse. Ma tête partie? Souviens-toi bien, comme il m'en souvient! Ce jour-là, il n'y avait rien à manger à la maison parce que tu tardais à rap-

porter ta pêche. Je te l'avais dit quand tu étais
venu me parler du trésor que tu avais découvert.
Quand nous partîmes chercher tout cet or et tout
cet argent, tu avais abattu un silure frétillant en
haut du grand karité, après avoir laissé échapper
de la nasse le lapin, qui s'y était pris au marigot.

Naba-le-Chef et sa suite commençaient à se regarder et à dévisager séricusement Noaga-la-
Vieille, femme de Nitjéma-l'Ancien.

— Un poisson en haut d'un arbre et un lapin
dans une nasse sur la berge du marigot? s'ahurit
Nitjéma-l'Ancien et il n'était pas le seul de l'as-
sistance.

— Parfaitement! insista sa femme. Et, quand
nous rentrâmes à la maison, tu m'avais dit que
les ricanements des chacals que je croyais entendre, étaient des grognements, des souffles qui
venaient tourmenter Naba-le-Chef. Et que le hurlement des hyènes que nous entendions quand je
servais le repas venaient des esprits, qui demandaient des comptes à Naba-le-Chef.

» Et que les rugissements que portait le vent
n'étaient pas des cris de lions, mais le murmure
des anciens qui venaient quérir Naba-le-Chef, qui
ne s'était jamais très bien occupé d'eux.

Naba et sa suite, les hommes, les femmes et
surtout les enfants commençaient à ne plus s'inquiéter, et tout un chacun retenait un sourire.

Nitjéma-l'Ancien se tourna vers Naba-le-Chef,
secoua la tête de droite à gauche et de gauche à
droite, regarda sa femme de son air le plus compatissant.

Et tout le monde sut que les souffles avaient
emporté la tête de la pauvre vieille Noaga, que

les gens de Naba saisirent et emmenèrent, son époux ne demanda jamais où.

Nitjéma-l'Ancêtre prit une autre épouse, toute jeune, dont descendit Nitjéma-le-Vieux, et vint créer le village de Liguidi-Malgam.

BOUKI PENSIONNAIRE

Constatant plutôt qu'ils ne signalaient, les petits lionceaux disaient à Gayndé, leur père :

— Père, Bouki-l'Hyène a essayé tes sandales,
et celles-ci lui vont impeccablement.

Mais si Gayndé-le-Lion avait dressé la pointe
de l'oreille, ce ne fut qu'imperceptiblement et fur-
tivement, car il pensait, sans aucun doute, à
autre chose de plus important à ses yeux que
la transformation qui s'était produite chaque jour
et à vue d'œil dans l'état physique et dans le
comportement à son égard de Bouki-l'Hyène,
qu'il avait recueillie, qu'il hébergeait et nourris-
sait moyennant de tout menus services et travaux domestiques, entre autres le dépouillement
et le dépeçage du gibier qu'il rapportait quo-
tidiennement. Tâche bien faite, s'il en fut, pour
plaire à une nature d'hyène.

Gayndé-le-Lion avait recueilli Bouki-l'Hyène
dans un piteux état aux jours de disette dont tout

le pays — bêtes et gens — gardait encore la
mémoire au fond du ventre.

Bouki était alors si maigre et si efflanquée que
l'on voyait le soleil à travers ses côtes. Son poil
était, alors, piqué et mité aux endroits où il en
existait encore, et ses coudes et ses fesses étaient
aussi nus que le derrière rougeoyant de Golo-le-
Singe.

-:-

(Un large détour s'impose
quand on trouve un nid de lionceaux!)

Fou Gayndé tegg dommam
Tegghi ba varr na ya!

chantait le champion de lutte.

Bouki-l'Hyène n'avait plus un brin de force
pour obéir à ce sage conseil le jour où, lasse de
trottiner et de traîner la patte derrière les furtifs
lézards et les véloces ratons qui se moquaient visiblement de son allure titubante, elle pénétra dans
la demeure de Gayndé-le-Lion, où s'ébattaient
les jeunes lionceaux, qui s'ahurirent autant de
son pelage tacheté que de son extrême maigreur.

Bouki n'avait pas eu la force ni le temps de se
retirer.

Gayndé était revenu chez lui, traînant un coba
aussi grand qu'un cheval-du-Fleuve.

Le veuvage, ou simplement la fatigue de la
chasse par cette chaude journée, avait, semble-
t-il, amolli le cœur du maître de maison. Toujours
fut-il que, voyant ses enfants gambader autour de
Bouki-l'Hyène, affalée et haletante, il avait
éprouvé une souriante et douce pitié; et, au lieu

d'achever les jours mornes et creux de son hôte intempestif, il avait tout bonnement ordonné :

— Bouki, occupe-toi de cette proie !

Bouki-l'Hyène qui tremblait de tous ses grêles membres et de ses flancs aplatis, s'était redressée et avait sauté sur le coba. Elle l'avait dépouillé et dépecé, les forces lui revenant rien qu'à la vue et à l'odeur de toute cette chair, de toutes ces tripes qui fumaient encore, de tout ce sang dont le sol gourmand n'attendait, lui, aucune permission pour en prendre sa part.

— Mange ce que tu veux et donne à manger aux enfants, avait dit Gayndé.

Et l'hyène, la gueule pleine de tripes et de viande, bâfra en remerciant :

— N'Diaye ! N'Diaye ! ! Gayndé N'Diaye ! merci ! !

Elle mangea, ce jour-là, pour tous les autres jours, pour toutes les semaines et même pour toutes les lunes qu'elle avait jeûné par la force des choses et non par dévotion.

Puis elle s'était affalée, repue, ronflant jusqu'au lendemain. Elle s'était réveillée tard quand le soleil ardait et que les petits de lion jouaient du tam-tam sur sa panse rebondie.

Gayndé-le-Lion était parti à la chasse dès l'aurore.

Bouki avait nettoyé la maison, fait le ménanage, amusé les enfants.

Gayndé, rentrant avec une biche immense, n'avait même pas franchi le seuil de sa demeure, et avait à peine commencé à appeler :

— Bouk...

que Bouki-l'Hyène s'était précipitée :

— N'Diaye ! N'Diaye ! ! !

-:-

Et ainsi les autres jours, pendant des semaines.

-:-

Bouki traînait les produits de la chasse dans la maison, dépouillait, dépeçait, nettoyait, récurait avec tout le zèle, toute l'ardeur d'un domestique bien traité et reconnaissant.

Elle se remettait rapidement de son état famélique grâce à toute cette viande, à toute cette tripaille qui ne manquaient, à aucun moment, dans la maison de Gayndé-le-Lion.

Elle engraissait à vue d'œil. Ses poils repoussés luisaient au soleil et ses babines devenaient chaque jour aussi grasses qu'une motte de beurre.

Mais son zèle et son ardeur au travail, son dévouement semblaient chaque jour s'atténuer en raison inverse de son embonpoint.

On entendait à peine le « N'Diaye! N'Diaye!! » empressé des premiers jours quand Gayndé-le-Lion, revenant de la chasse, l'appelait du seuil de la maison.

Ce fut d'abord des « Nâm » (Me voici) nonchalants, puis hargneux. Ensuite des « Wâwe » (Oui) presque insolents, mais toujours grognons. Et puis des « Lane la » (Qu'y a-t-il?) renfrognés.

C'était d'un pas lent et traînant qu'elle allait prendre la proie du jour, qu'elle dépouillait et dépeçait presque avec répugnance.

Et les petits lionceaux constataient plus qu'ils ne signalaient :

— Père, Bouki-l'Hyène a essayé tes sandales, et elles lui vont impeccablement.

Leur père ne pouvait plus, tout dédaigneux qu'il fût, s'empêcher de se rendre compte du changement dans le comportement de Bouki à son endroit. Les réponses de celle-ci s'accompagnaient même, parfois, outre les grognements, d'injures, murmures entre lippe et canines quand elle se jugeait dérangée dans son repos et dans ses rêveries.

-:-

Un jour, Gayndé revint devant sa porte la gueule vide. Il avait jeté sa proie par-dessus l'enclos, derrière sa case. Il avait appelé :

— Bouki !

— Qu'y a-t-il ? avait grogné l'Hyène.

— Va dépouiller et dépecer le gibier qui est au pied de l'enclos, derrière ma case.

Bouki, traînant la patte paresseusement, les fesses à ras de terre, s'en fut derrière la case. Elle s'arrêta, interdite et tremblante de tous ses membres redevenus forts et musclés. Devant elle, gisait, tripes au soleil, échine fendue jusqu'aux fesses basses, la plus grosse des hyènes, dont la mère de sa mère n'avait jamais parlé dans ses contes les plus flatteurs pour sa race. La proie de Gayndé était aussi grande que le plus fort des taureaux que Bouki eût jamais aperçus de loin aux temps d'abondance, dans le troupeau de Madal Poulo, le berger.

Bouki dépouilla et dépeça l'hyène trois fois plus grosse que ne le fut jamais son père au temps de sa plus grande force.

Elle y travailla avec la même ardeur et le même zèle, qu'aux premiers jours de son arrivée dans la demeure de Gayndé-le-Lion.

La leçon semblait avoir porté.

Et les jours passèrent avec leurs charges non-pareilles. Mais la nature d'hyène ne se change pas et la leçon fut vite oubliée. L'empressement, l'ardeur et le zèle de Bouki s'atténuant chaque jour et, chaque jour, son insolence se fortifiant.

Et Bouki essayait toujours les sandales de Gayndé-le-Lion, et les sandales de Gayndé lui allaient chaque jour de plus en plus impeccablement.

-:-

Gayndé-le-Lion, rentrant de la chasse, avait rencontré Leuk-le-Lièvre. Il rapportait, ce jour-là, un gros coba, dont le poids l'avait obligé à se reposer, à plusieurs reprises, sur la sente qui menait à sa demeure. Ils devisaient à l'ombre d'un baobab quand N'Djougoupe-la-Chauve-Souris, avec son rictus moqueur et toujours malap-prise, vint à voleter à leur nez et à les agacer de ses ailes velues.

D'un coup de patte, Gayndé avait écrasé la chauve-souris et l'avait confiée à Leuk-le-Lièvre, qui fut ainsi obligé de rebrousser chemin et de l'accompagner.

A quelques pas de la maison, gambadait et folâ-trait Béye-la-Chèvre, encore plus mal élevée que N'Djougoupe-la-Chauve-Souris et qui avait en-tendu dire, par Thiope-le-Perroquet, que Gayndé-le-Lion hébergeait, dans sa demeure, Bouki-l'Hyène. Béye, dans sa tête petite et légère, en avait conclu que la paix devait être faite entre les animaux, si ce n'était entre gens et bêtes de la brousse.

Gayndé avait lâché son coba et, d'un bond,

avait brisé les reins de Béye-la-Chèvre, qui était
venue le narguer jusque devant chez lui, pensait-
il, car, ce jour-là, il avait laissé sa bonne humeur
et sa longanimité dans son lit en partant à la
chasse au chant du coq.

Gayndé avait porté son coba dans sa cour. Il
était revenu chercher Béye-la-Chèvre, qui râlait
encore. Et Leuk-le-Lièvre, portant la dépouille
de N'Djougoupe-la-Chauve-Souris, l'avait suivi
et avait été joyeusement accueilli par les fils de
Lion.

— Oncle Leuk! Sène! Sène!

— Où est Bouki? interrogea le père.

— Elle dort, firent les enfants.

— Allez me la chercher!

Et les lionceaux allèrent réveiller Bouki-
l'Hyène, qui grommela en nasillant, en s'étirant
et en se levant péniblement :

— *Lane la?* (Qu'y a-t-il?)

— Père t'appelle, expliquèrent les enfants.

— Encore? nasilla Bouki.

— Bouki! rugit Gayndé-le-Lion du milieu de
la cour.

— *Nâm!* répondit Bouki d'une voix pleine de
sommeil, en bâillant et nasillant et s'avançant
lentement.

— Bouki! fit encore Gayndé.

— N'Diaye! répondit Bouki, un peu plus
éveillée et se pressant un peu plus.

— Partage-moi ce gibier! ordonna le maître de
maison.

— Oui, N'Diaye!

Bouki regarda le coba, la chèvre et la chauve-
souris et puis s'informa :

— Partager ce gibier?

— Oui, fais le partage, intima Gayndé-le-Lion.

— Mais entre qui et qui? interrogea Bouki, tout à fait éveillée.

— Entre qui? Mais entre ceux qui sont dans cette maison, précisa Gayndé avec un peu d'impatience et d'énervement.

— Eh bien, N'Diaye, fit Bouki, à toi et aux enfants, je pense que ce coba est tout destiné. Il est assez gros et assez gras pour votre repas de la journée. Il y a longtemps que je n'ai pas goûté de viande de chèvre, celle-ci pourra parfaitement me convenir. Oncle Leuk, pour sa peine, emportera, chez lui, le cadavre de N'Djougoupe-la-Chauve-Souris, dont nous ne savons que faire avec ses oreilles pointues et ses grosses dents, et...

Bouki n'avait pas achevé de parler que la patte droite de Gayndé fulgura et l'atteignit à la gueule, lui arrachant l'œil gauche, qui passa tout près du nez frétillant de Leuk-le-Lièvre.

Et Bouki s'affala, tête fendue, et gueule ouverte.

— Oncle Leuk, appela Gayndé.

— N'Diaye! répondit Leuk-le-Lièvre.

— Partage-nous ce gibier!

— Bien N'Diaye! acquiesça Leuk. Je crois, N'Diaye! qu'à déjeuner, ce petit coba suffira à peine pour toi et les enfants, mais enfin nous sommes encore en période de disette ou presque, N'Diaye!

« A dîner, vous pourrez vous contenter de Béye-la-Chèvre, qui est venue, jusqu'ici, s'offrir à toi. Ce sera juste, mais les petits, trop fatigués d'avoir joué toute la journée, n'auront certaine-

ment presque pas faim et ne mangeront pas beaucoup le soir.

« Demain matin, avant de repartir à la chasse,
car la journée sera chaude, cette chauve-souris
pourra juste boucher le trou de ta vieille dent
creuse, N'Diaye ! »

— Et qui donc t'a appris à si bien faire un partage, Oncle Leuk ? s'étonna Gayndé-le-Lion.

Et Leuk-le-Lièvre d'expliquer :

— L'œil gauche de Bouki-l'Hyène, qui a frôlé
la pointe de mon nez !

LA CUILLER SALE

Binta l'orpheline vivait dans la maison pater-
nelle où la deuxième femme de son père ne lui
épargnait ni les grands travaux, ni les vexa-
tions, ni les cris, ni les coups. Tandis que sa
demi-sœur Penda passait le plus gros de son
temps à sa toilette et à ses jouets, Binta allait
chercher le bois mort, puisait l'eau, pilait le
mil, lavait le linge et faisait la cuisine. Les rares
moments où elle pouvait s'échapper de la maison
elle les passait au cimetière, pleurant sur la tombe
de sa mère. Celle-ci n'avait jamais pu répondre,
on ne sait pourquoi, aux appels de sa fille.
Binta s'en retournait plus que malheureuse dans
ses loques, pour subir à nouveau les cris, recevoir les coups de sa marâtre souvent sous les
yeux de son père. Celui-ci était le plus méprisa-
ble des hommes, c'est-à-dire un mari faible de
caractère. Il n'osait pas défendre l'orpheline, car
l'épouse qui lui restait le menaçait chaque fois
qu'il tentait d'élever la voix :

— Si tu ne me laisses pas faire, tu ne caresseras plus ma « ceinture en terre cuite ».

Et le pauvre homme abandonnait sa pauvre fille à son misérable sort et aux mains de la méchante femme.

Lasse, vraiment lasse à la fin de cette journée-là, Binta avait oublié parmi les nombreux ustensibles et calebasses qu'elle avait à récurer après chaque repas, de laver une toute petite cuiller en bois, une toute petite kôk. Lorsque la femme de son père s'en aperçut, elle entra dans une colère terrible. Criant, hurlant, elle se mit à battre une fois de plus la petite fille. Fatiguée de la rouer de coups, elle lui dit :

— Tu iras laver cette cuiller à la Mer de Danyane.

— Où se trouve?... tenta de s'informer l'orpheline.

— A la Mer de Danyane, vociféra la méchante femme. Va-t'en, ordonna-t-elle en poussant la pauvre fille hors de la maison.

Et Binta l'orpheline s'en fut dans la nuit.

-:-

Elle marcha jusqu'à ce que le ciel fût plein d'étoiles. Elle marcha jusqu'à ce que la terre fût froide. Elle marcha jusqu'au premier chant du coq et après le deuxième chant du coq. Dans les villages des hommes les bruits renaissaient, battements des pilons et cris des enfants. Dans le domaine des bêtes et des souffles, où elle n'avait fait aucune mauvaise rencontre, ceux de la nuit avaient disparu et les bruits du jour remplissaient la savane et la forêt.

Le soleil était sorti de sa demeure. Il était déjà à la moitié de son chemin de chaque jour et Binta l'orpheline marchait toujours.

La nuit était venue et s'en était retournée et Binta l'orpheline allait toujours.

Trois fois le soleil avait brillé et brûlé la terre des hommes et emporté ses charges de bonnes actions et de vilenies quand Binta l'orpheline s'arrêta au pied d'un arbre, d'un jujubier qui était en train de gauler lui-même ses fruits. La petite fille s'agenouilla et salua poliment le jujubier.

— Où vas-tu donc si seule et si tard, mon enfant? s'enquit le jujubier.

— Ma marâtre m'a envoyée laver cette kôk à la mer de Danyane, expliqua la petite fille.

— Que le chemin de Dieu guide tes pas, souhaita l'arbre.

Et il prit une grosse poignée de jujubes qu'il offrit à l'orpheline.

Binta marcha encore trois nuits et trois jours. Le soleil hésitait encore à nettoyer le visage sombre de la nuit, quand elle trouva sur son chemin deux galettes qui se poursuivaient et qui luttaient joyeusement.

Elle s'agenouilla et salua poliment les deux galettes.

— Où vas-tu donc si seule et si tôt, mon enfant? s'informèrent ensemble les deux galettes.

— Ma marâtre m'a envoyé laver cette cuiller à la mer de Danyane, leur répondit la petite fille.

Les galettes se rompirent chacune un gros morceau qu'elles offrirent à l'orpheline en lui souhaitant :

— Que le chemin de Dieu guide tes pas.

Binta marcha encore trois jours et trois nuits.
Le soleil était au milieu du ciel lorsqu'elle trouva
sur son chemin une marmite de riz qui se cuisait
toute seule. Elle s'agenouilla et salua poliment
la marmite.

— Où vas-tu donc si seule et sous ce soleil si
brûlant, mon enfant? demanda la marmite.

— Ma marâtre m'a envoyée laver cette kôk à la
mer de Danyane, dit l'orpheline.

La marmite lui donna une grosse poignée de
riz et lui souhaita :

— Que le chemin de Dieu guide tes pas.

Elle alla encore droit devant elle et trouva au
bout de trois jours une vieille, plus-que-vieille
femme auprès d'une case dont le toit de chaume
s'effilochait aux quatre vents. La petite fille
s'agenouilla et salua poliment la vieille femme.

— Où vas-tu donc si seule, mon enfant? interrogea la vieille femme.

— Ma marâtre m'a envoyée laver cette cuiller
à la mer de Danyane.

— C'est ici la mer de Danyane, dit la vieille
femme, c'est ici la demeure de toutes les bêtes
de la brousse. Elles sont toutes mes enfants.
Pose ta kôk, prends ce grain de mil et pile-le
dans ce mortier.

Binta prit le grain de mil et le mit dans le mortier. Au premier coup de pilon le mortier se remplit de farine dont une seule poignée se transforma en une calebassée de couscous.

— Allume le feu, dit la Mère des bêtes, et
dans la marmite pleine d'eau fais cuire ces os.

Les os étaient certainement rongés depuis la
naissance du monde et blanchis depuis plus loin
que N'Diadiane N'Diaye. Binta alluma le feu et

mit les os dans la marmite, et la marmite aussitôt
se remplit à déborder de morceaux de viande, de
graisse et de moelle. Binta prépara le couscous, et
mangea avec la Mère des bêtes.

La vieille femme lui donna une aiguille bien effilée et bien pointue en lui disant :

— Va maintenant te coucher sous le lit, mes
enfants vont rentrer de la brousse. Quand ils se-
ront couchés eux aussi, tu les piqueras doucement les uns et les autres de temps en temps. Ils
croiront qu'il y a des puces et des punaises dans
le lit et ils se lèveront plus tôt que d'habitude.

Bouki-l'Hyène, arriva la première. Pointant
son nez à droite et à gauche, reniflant en haut et
en bas, elle déclara :

— Ça sent la chair humaine par ici !

— La chair humaine? s'étonna la vieille
femme. Je suis le seul être humain ici Bouki,
maintenant si tu veux me manger...

— Je m'en garderai bien, nasilla-t-elle. Je par-
lais simplement pour te taquiner, Mère.

— C'est bon, dit la Mère des bêtes, maintenant va te coucher. Et Bouki-l'Hyène à la fesse
basse, obéissante, alla se coucher. Gayndé-le-
Lion, Sègue-la-Panthère, Thile-le-Chacal, tous
les animaux revinrent à la maison les uns après
les autres ou par groupes et s'allongèrent sur le
lit.

Suivant les conseils de la Mère des bêtes, Binta
commença à les piquer à travers le lit.

— Qu'est-ce qu'il y a comme punaises, grogna
Bouki-l'Hyène.

— Vas-tu te taire et nous laisser dormir? rugit
Gayndé-le-Lion. Au même instant il sentit lui
aussi une piqûre à la fesse.

— Bouki, tu as raison, reconnut-il, le lit est plein de punaises.

— Elle a raison, dirent Leuk-le-Lièvre et Nièye-l'Eléphant.

— Que de punaises! renchérirent les autres.

Car Binta continuait toujours à les piquer. Aussi le premier coq n'avait-il pas fini de chanter du haut du toit où il s'était perché pour dormir, que tous les animaux désertaient leur couche vraiment intenable et s'en retournaient dans la brousse.

—:—

Binta l'orpheline prépara le petit déjeuner de la Mère des bêtes, le partagea avec elle puis alla laver sa cuiller. Quand elle revint la vieille femme lui donna cinq œufs et lui recommanda :

— Quand tu seras à l'orée de la savane tu chanteras :

> *Vey vêt O! Vey vêt!*
> (Solitude O! Solitude)

et tu casseras cet œuf-ci. Au milieu de la savane tu casseras celui-là en chantant toujours :

> *Vey vêt O! Vey vêt!*

Ce troisième œuf tu le casseras à l'entrée de la forêt après avoir chanté :

> *Vey vêt O! Vey vêt!*

Au cœur de la forêt tu chanteras encore :

> *Solitude O! Solitude!*

et tu laisseras tomber le quatrième. A la sortie de
la forêt tu casseras enfin le dernier. Va, mon
enfant, et que le chemin de Dieu guide tes pas !

Binta l'orpheline remercia longuement et gen-
timent la Mère des bêtes et s'en retourna sur
son long chemin.

A l'orée de la savane elle s'arrêta et chanta :

Vey vêt O ! Vey vêt !

et laissa tomber le premier œuf. Tout autour
d'elle surgirent des hommes, des femmes, des cavaliers armés et montés sur de magnifiques chevaux, des esclaves. Et tous la suivirent respec-
tueusement.

Au milieu de la savane elle cassa le deuxième
œuf après avoir chanté :

Solitude O ! Solitude !

et tout autour d'elle s'étalèrent des boubous, des
pagnes de toutes teintes et de tous tissus, des
mouchoirs de soie, des pagnes de n'Galam, que
portèrent les esclaves.

A l'entrée de la forêt elle cassa le troisième
œuf en chantant :

Vey vêt O ! Solitude !

et autour d'elle s'élevèrent des monceaux de lin-
gots, de poudre d'or, de bijoux d'or et d'argent,
des anneaux, des bracelets, des chaînes, des tas
d'ambre, que portèrent les esclaves.

Au cœur de la forêt elle chanta encore :

Vey vêt O! Vey vêt!

et du quatrième œuf qu'elle cassa, déferla en mugissant un immense troupeau de bœufs, de vaches, de taureaux et de génisses que conduisaient des esclaves.

A l'orée de la forêt elle chanta une dernière fois :

Vey vêt O! Vey vêt!

et laissa tomber le dernier œuf d'où sortirent toutes les espèces de fauves de la terre, lions, panthères, chacals, hyènes qui rugissaient menaçants. Mais les cavaliers chargèrent et exterminèrent toutes ces bêtes malfaisantes.

Binta l'orpheline arriva enfin à son village avec son peuple, ses richesses et son troupeau. Elle alla remettre la cuiller récurée à sa marâtre.

Les mots que dit celle-ci en voyant l'orpheline dans ses beaux atours, suivie de son troupeau et de ses sujets portant ses richesses incalculables, nul ne peut les répéter. Les cris qu'elle poussa s'entendent encore de nos jours.

Revenant dans la maison elle empoigna Penda sa fille :

— Fainéante, fille de rien, hurlait-elle, regarde ce que cette misérable a pu trouver. Et prenant une cuiller elle la tendit à sa fille :

— Salis-moi tout de suite cette kôk et va la laver toi aussi à la mer de Danyane.

Et Penda s'en fut sur le chemin de la mer de Danyane.

-:-

Comme Binta, sa demi-sœur l'orpheline, elle marcha très loin et très longtemps, traversant marigots et forêts, villages et savanes, des nuits et des jours. Un soir elle arriva au jujubier qui gaulait ses fruits lui-même. Sans saluer, sans attendre qu'on l'interrogeât, elle s'étonna et battit des mains.

— La illah! Depuis que je suis née, c'est la première fois que je vois un arbre se gauler lui-même. Quand je raconterai cela à la maison on me traitera de menteuse, pour sûr !

— Que le chemin de Dieu ne guide jamais tes pas, lui souhaita le jujubier.

Elle marcha encore trois jours et trois nuits et rencontra les deux galettes qui luttaient et qui se poursuivaient joyeusement.

— Comment? s'écria-t-elle sans dire un seul bonjour, et avec des éclats de rire et des claquements de mains. Comment! des galettes qui s'amusent, qui font la course et qui luttent! Je n'ai jamais entendu dire cela, je ne l'ai jamais vu. Personne ne me croira quand je rapporterai ça un jour à ceux du village.

— Que le chemin de Dieu ne guide jamais tes pas, dirent les deux galettes qui continuèrent leurs jeux.

Penda marcha encore trois jours et trois nuits. Son ombre se cachait sous ses pieds quand elle trouva la marmite qui se cuisait toute seule.

— Incroyable, vraiment incroyable! s'ahurit la jeune fille en battant des mains, sans un mot de politesse. Une marmite qui se cuit toute seule?

On me traitera de folle et on me fermera la bouche le jour où je dirai cela chez nous.

— Que le chemin de Dieu ne guide jamais tes pas, fit la marmite.

Penda s'en alla encore droit devant elle et arriva dans la demeure de la Mère des bêtes.

— Eh! la vieille femme, peux-tu me dire où se trouve la mer de Danyane?

— C'est ici, mon enfant, je suis la Mère de toutes les bêtes de la brousse.

— Mame (grand-mère) je ne t'envie pas ta progéniture. Je viens laver cette kôk que m'a donnée ma mère.

— Tiens ce grain de mil et va le piler dans le mortier, dit la Mère des bêtes.

— Un grain de mil? un seul grain de mil? Te moques-tu de moi, vieille femme? Je n'ai jamais vu cela. C'est impossible, le pilon ne le touchera même pas au fond de ce vaste mortier.

La Mère des bêtes lui donna une calebasse pleine de mil qu'elle mit une demi-journée à piler, à vanner, à repiler, à pétrir, à étuver, pour n'en tirer qu'une demi-calebassée de couscous.

— Prends ces os et mets-les dans la marmite, ordonna la Mère des bêtes.

— Ces os tout récurés et tout blanchis personne ne sait depuis quand? Je n'ai jamais entendu cela. Autant faire bouillir des cailloux.

La vieille lui donna alors un mouton qu'elle tua et fit cuire et elles mangèrent le couscous. La Mère des bêtes lui donna une aiguille bien effilée et bien pointue en lui disant :

— Va te coucher sous le lit. Quand mes enfants rentreront et commenceront à dormir tu les piqueras les uns après les autres tout doucement.

Penda sans demander pourquoi s'en fut s'étendre sous le lit.

Tous les animaux rentrèrent de la brousse et se couchèrent. Bouki-l'Hyène en rentrant s'était bien gardée de constater que ça sentait la chair humaine et s'était contentée de renifler fortement. A peine commença-t-elle à ronfler que la jeune fille lui enfonça l'aiguille dans la fesse jusqu'à l'os. Bouki bondit du lit que son sang tachait déjà, sortit de la case et disparut dans la nuit. Elle fut suivie bientôt par les autres animaux qui hurlaient de douleur et geignaient, tellement Penda les avait piqués profondément.

A l'aube, Penda alla laver sa kôk et revint chez la Mère des bêtes qui lui remit cinq œufs et lui fit les mêmes recommandations qu'elle avait faites à Binta l'orpheline.

Et Penda s'en retourna sur son long chemin. A l'orée de la savane elle s'arrêta et chanta :

Vey vêt O! Vey vêt!

Mais au moment de casser le premier œuf, elle se ravisa et se dit :

— Pourquoi la vieille femme m'a-t-elle ordonné de casser cet œuf-ci plutôt que celui-là? Dans ce pays où tout est à l'envers, je crois qu'il vaut mieux toujours commencer par la fin. Elle chanta de nouveau :

Vey vêt O! Vey vêt!

et cassa le cinquième œuf. De tous les côtés, autour d'elle surgirent toutes les espèces de fauves de la terre qui la dévorèrent. Ils ne laissèrent de

son corps qu'un seul morceau, le cœur, dont
même Tann-le-Charognard ne voulut pas. Tann
avait saisi le morceau dédaigné par tous les
animaux. Il avait volé longtemps et plané très
haut dans le firmament. Arrivé au-dessus du
village il avait laissé tomber le cœur en chantant ironiquement :

> *Khalé ba démone*
> *Guédjou Danyane*
> *Khol ba n'gué é é é*

> *De l'enfant qui fut*
> *A la mer de Danyane*
> *Voici le cœur r r r*

et c'est dans la calebasse de couscous que prépa-
rait la méchante femme que chut le morceau de
sa fille dont aucune bête n'avait voulu. Tann-le
Charognard chantait toujours :

> *De ta fille qui fut*
> *A la mer de Danyane*
> *Khol ba n'gué é é é é é.*

FIN

TABLE DES MATIÈRES

Achevé d'imprimer sur les presses de

BUSSIÈRE

GROUPE CPI

à Saint-Amand-Montrond (Cher)
en octobre 2007

— N° d'imp. : 71793. —
Premier dépôt légal : 3ᵉ trimestre 1967.

Imprimé en France